CHASSEUR D'ESSAIS

CHASSEUR D'ESSAIS

VINCENT CLERC

Avec Gilles Navarro

SOLAR
EDITIONS

ISBN : 978-2-263-15835-3
Code éditeur : S15835P
Dépôt légal : novembre 2018

Retrouvez-nous sur www.lisez.fr

Solar, un département d'**Édi8**

Préface

MERCI !

C'est le dernier mot que le public toulousain du stade Ernest-Wallon a écrit sur de petites affiches et brandi pour mon dernier match sur cette pelouse. C'est le premier mot qui me vient à l'heure d'écrire ces lignes. J'ai vécu tellement de belles choses, partagé de telles émotions avec mes parents, la famille, mes amis, mes coéquipiers, les éducateurs, mes entraîneurs, les spectateurs, que je tenais à vous offrir quelques tranches de cette vie sportive que j'ai croquée à pleines dents. Le rugby a occupé trente ans de ma vie. Il m'a fait goûter aux joies de la victoire, aux affres de la défaite, aux pleurs, aux rires. J'ai surmonté quelques tempêtes, quelques désillusions. Elles m'ont permis de me relever, avec le soutien des miens, de Valérie, ma femme, pour repartir de plus belle à la conquête de mon graal. Et toujours avec une même envie : regarder devant, loin, là où se trouve une ligne blanche que j'ai adoré franchir.

Dix-sept ans passés au plus haut niveau à Grenoble, Toulouse puis Toulon, beaucoup de rouge et noir, un peu de bleu de France, m'ont bâti un joli palmarès. Si j'ai marqué autant d'essais, battu quelques records, c'est parce que j'ai eu la chance d'évoluer dans des groupes talentueux, entouré d'équipiers certainement plus doués que moi. Pour me hisser à leur niveau, j'ai bossé encore et encore. Au FC Grenoble, au Stade Toulousain, au RC Toulon, en équipe de France, j'ai eu la chance de côtoyer les meilleurs. J'ai juste essayé d'apporter ma pierre à l'édifice. Devenir meilleur marqueur du championnat n'a jamais été un but, ni un objectif. Il n'a fait que concrétiser le travail d'une équipe, d'un groupe. Si je m'étais focalisé sur le record, j'aurais certainement été bien moins performant pour le collectif. Et je ne serais peut-être pas parvenu à marquer autant d'essais.

À l'heure de tirer la révérence, il m'est agréable de me souvenir de ces bonheurs ressentis avec tous ceux qui m'entouraient. J'ai vécu un rêve de gamin, pendant des années... Le partager est un plaisir qui prolonge celui que je prenais sur les pelouses, et que je sème au gré des pages qui suivent. Merci !

Chapitre 1

Du Fontanil à Lesdiguières

Les premières pelouses que j'ai foulées étaient celles du stade Bachelard, rue Albert-Reynier. Juste en face de Lesdiguières, le fief du FC Grenoble, club emblématique des Alpes. Mon père, Jean-Pierre, a porté plusieurs saisons le maillot du FCG (1976-1982), au poste d'ailier. À ce titre, il participa à la remontée de Grenoble en Groupe A, lors de la saison 1978-1979. Il n'en parlait jamais mais il avait vécu de sacrés moments sous la houlette du « sorcier », l'entraîneur Jean Liénard, et aux côtés de joueurs qui ont écrit quelques belles pages de l'histoire du rugby grenoblois : Alain Lorieux, Patrick Mesny, Jean-Pierre Gébus, Daniel Alberto ou Yves Pinotti. Devenu professeur d'EPS dans un lycée privé, il entraînait aussi les équipes de jeunes du FCG sur les terrains de Bachelard et m'emmenait souvent avec lui, les mercredis après-midi ou le week-end.

J'avais 4-5 ans, j'adorais ces moments où je profitais des espaces, des ballons qui traînaient pour m'amuser sur l'herbe tendre et parfois humide. Nous habitions un appartement du Fontanil-Cornillon, village coincé entre le massif de la Chartreuse et la rivière Isère, au nord-ouest de Grenoble. J'aimais courir, sauter, me dépenser. J'étais un petit garçon plein de vie et d'énergie. Intrépide aussi. Au grand désespoir de ma mère, Florence, assistante sociale, qui ne comptait plus les bleus et les bosses que je ramenais à la maison. Les premiers points que j'ai eus dans ma vie étaient des points de suture...

Elle avait toujours la trousse à pharmacie à portée de main et soignait amoureusement les bobos de son petit casse-cou. Je crois qu'elle connaissait assez bien les urgences de l'hôpital... Elle s'inquiétait de ma témérité. Il faut dire que je lui avais filé la trouille de sa vie de jeune maman alors que je n'avais que deux ans et demi. Ce jour-là, j'avais dû faire une bêtise et je m'étais fait gronder par mes parents. Ils m'avaient puni et demandé de rester dans ma chambre. Nous habitions un immeuble, en rez-de-jardin.

Quelle idée, croyez-vous, me passa par la tête ? J'ai ouvert la fenêtre et je suis sorti pour me promener dans la résidence ! Au bout d'un certain temps, comme ils n'entendaient plus aucun bruit provenant de ma chambre, mes parents ont poussé la porte pour constater avec effroi que je n'y étais plus. J'imagine leur angoisse... J'avais filé par le jardinet. Heureusement, un voisin m'a aperçu, reconnu, et m'a ramené chez moi une demi-heure plus tard !

Maman a très vite compris qu'il fallait que je bouge pour évacuer mon trop-plein d'énergie. C'est pourquoi mes parents ont insisté pour que je fasse du sport et puisse ainsi me défouler. Il faut dire qu'avec un enseignant d'éducation physique à la maison, je n'allais pas rester enfermé les jours sans école. Je me suis donc essayé à plusieurs disciplines : le tennis, le ski, la natation, le judo... Je crois que j'ai même participé à un stage de cirque pour accompagner un copain. Mes parents n'ont jamais essayé de m'orienter, de m'imposer leur choix. Ils me laissaient libre de ce que je voulais faire. À une seule condition : que j'aille au bout de l'engagement pris. Je démarrais une activité, et même si elle ne me plaisait plus au bout de quelques semaines, je devais terminer la saison. C'était l'accord passé entre eux et moi.

Le judo ne m'attirait pas du tout. Je n'ai même pas eu la première ceinture, la blanche. Les sports individuels ne me procuraient aucun plaisir ; je n'avais pas envie d'apprendre les gestes, les expressions, les mouvements. Je ne me sentais pas à l'aise sur un tatami. Je préférais, et de loin, les sports collectifs. Je crois que j'avais besoin d'évoluer en groupe, d'avoir du monde autour de moi. Ça devait me sécuriser. Le seul endroit où j'aimais être seul et profiter égoïstement de mon individualisme, c'était à la maison. J'aimais quand ma mère me préparait à goûter, se montrait attentionnée. Mais la famille s'est agrandie.

Lorsque Margaux est née, j'avais 5 ans. J'étais fier mais aussi un peu jaloux. Ne plus être le centre de toutes les attentions me perturbait. Ma grand-mère m'a expliqué qu'un jour je lui avais dit : « Plus personne ne m'aime ici... » À l'école, je deviens insupportable. Moi qui ne faisais jamais d'histoires, je me bats tout le temps dans la cour de récréation. Ma mère est convoquée. Elle comprend que j'exprime par ce comportement toute ma détresse, toute ma colère. Pour moi, on venait de me faire un sale coup en faisant entrer une petite sœur dans la maison. Ça n'a pas duré. Margaux est devenue ma complice, ma confidente. Je l'adore. Et je sais que c'est réciproque. Mais elle a dû en baver quand même. Surtout, dès qu'elle accepta de jouer au rugby contre moi... Je lui laissais prendre un peu d'avance puis je la plaquais sans ménagement. Elle se faisait mal, bien sûr, pleurait parfois, m'attirant les foudres parentales. Les disputes pour s'emparer de la télécommande étaient fréquentes. Et au final, *Goldorak* l'emportait souvent sur *Hélène et les garçons*... Margaux ne m'en a jamais tenu rigueur, et a toujours été ma première supportrice.

Je n'ai jamais vu jouer mon père sous le maillot grenoblois (1) puisqu'il arrêta sa carrière de joueur de rugby l'année de ma naissance, mais on peut imaginer que son influence a pesé sur mon orientation sportive. Par atavisme certainement. Par mimétisme assurément. Mais jamais par dirigisme ni interventionnisme. En tout cas, petit, je rêvais de « faire du rugby, comme papa »...

Mon père est quelqu'un dont la philosophie de vie consiste à laisser chacun s'exprimer comme il l'entend, selon son caractère. Il estimait que les enfants devaient se construire par eux-mêmes, qu'il ne servait à rien de leur imposer quoi que ce soit. Il surveillait ce que je faisais, bien sûr, mais je choisissais ma pratique sportive selon mes envies du moment, comme n'importe quel petit garçon qui a envie de toucher à tout avant de trouver sa voie et son bonheur. Avec les copains, j'allais nager à la piscine. L'hiver nous profitions de la chance que nous offrait la proximité des Alpes pour skier, comme toute bonne famille iséroise qui se respecte.

Et vers mes 6 ans, parce que les sports de ballon, plus ludiques, m'attiraient davantage que les pratiques individuelles, je demandais à mes parents de m'inscrire à l'école de rugby du Fontanil-Cornillon, où nous résidions. Ce qu'ils firent. Sous l'œil avisé de Max Roi, mon premier éducateur, je répétais les premiers gestes, les fondamentaux. Papa laissait faire. Il n'intervenait pas dans mon apprentissage. Bien sûr, lorsque je lui demandais conseil, il m'en donnait volontiers. Mais ça s'arrêtait là. Pas d'analyse ni de directive. Il lui importait surtout que je prenne du plaisir à ce que je faisais. Mes premiers souvenirs remontent à cette époque.

TÉMOIGNAGE

Florence Clerc, ma mère

« Vincent, un testard »

« *Vincent adorait être entouré,* raconte Florence Clerc. *Dès la crèche, il a eu des copains. Car il avait des facilités de communication. Très tôt, il a été invité à des anniversaires. Le premier souvenir de rugby que je garde de lui est très amusant. Il devait avoir 6 ans. Je l'accompagnais aux entraînements de l'école de rugby, au Fontanil. Voir ces petits freluquets faire des mêlées, c'était si drôle. Leur entraîneur, Max Roi, les faisait bien s'amuser dans une ambiance très familiale. Leurs entraînements étaient organisés selon un rituel immuable : trois quarts d'heure de rugby, une heure de goûter puis à nouveau trois quarts d'heure de rugby !*

S'il était très sociable, Vincent était aussi un « testard ». Quand il avait décidé quelque chose, il n'en démordait pas. Même lorsqu'il avait tort, et qu'il le savait, il persistait dans son idée. Je me rappelle un jour où je l'ai emmené faire des courses dans le centre-ville de Grenoble. Il ne voulait pas venir. Je le prends quand même avec moi, mais il faisait la tête. À un moment, il s'est assis par terre, en pleine rue piétonne, et a refusé de bouger. Impossible de le faire avancer ! »

Au Fontanil, tous les samedis après-midi, je retrouvais mes copains du rugby. Je n'aurais raté l'entraînement pour rien au monde. Max

Roi avait su former un groupe autour de lui où il faisait bon se retrouver. Il mettait sur un pied d'égalité la formation sportive et la formation humaine parce qu'il estimait que son rôle éducatif ne s'arrêtait pas seulement au rugby ou au terrain. Comme le groupe était très soudé, nous rivalisions avec les meilleures écoles de rugby du département, y compris le FC Grenoble. Je jouais à l'ouverture et formais la charnière avec Kevin Roi, le fils de Max, de quelques jours mon cadet.

Le rugby m'aide à m'extérioriser, à m'ouvrir sur les autres. Il me permet aussi d'avoir plein de copains. Et de forger mon caractère. Je suis tenace, volontaire. J'ai un gros mental. Un jour, alors que nous disputons un tournoi en Italie, j'ai fait deux K.-O. dans la même journée. Chaque fois, je me suis relevé en titubant, sans me plaindre, avant de reprendre ma place sur le terrain. Max Roi m'avouera plus tard l'avoir impressionné.

J'ai 10 ans lorsque Max est appelé par le FCG pour s'occuper des jeunes. Il emmène avec lui son fils, Kevin, et deux ou trois autres jeunes joueurs du Fontanil, dont Ricardo de Magalaes et moi. Mes parents étaient d'autant plus favorables à cette décision que les deux familles, les Clerc et les Roi, s'appréciaient. Cette amitié facilitait aussi les problèmes d'intendance. Les familles Clerc, Roi puis Bernard se relayaient pour accompagner ou aller chercher les enfants au stade. Ça fait au total quelques heures de trajet et d'embouteillages pour nous permettre de nous amuser.

Ces souvenirs créent des liens indéfectibles. Max offrira même sa première bouteille de vin, un Margaux bien évidemment, à ma sœur, le jour de son anniversaire. Et moi je lui ai fait un drôle de cadeau, assez original. Je lui ai donné une de mes chaussures de rugby sur laquelle j'avais inscrit mon nom. Je crois qu'il l'a gardée...

Quand Max nous apprend qu'il quitte le club du Fontanil-Cornillon pour rejoindre le grand FCG, je n'en crois pas mes oreilles. Surtout lorsqu'il rajoute qu'il prendra avec lui quelques-uns des « petits bouts » qu'il entraîne depuis plusieurs années. Quand je dis « petit bout » l'expression n'est pas exagérée.

À l'époque, j'étais plutôt frêle et pas très épais. Du genre petit format. Qu'importe ! J'allais jouer au FC Grenoble et réaliser ainsi un rêve de gamin. Je découvrais un univers qui me paraissait tellement inaccessible jusque-là. Dans mon imaginaire, Lesdiguières, le fief du FCG, était ma première forteresse. Le château fort de gamin où je me rêvais prince. Pénétrer dans ce lieu, sacré pour tous les amateurs de rugby grenoblois, isérois, dauphinois, représentait pour moi une récompense magique. Mon père y avait joué. Mes premières idoles en rouge et bleu aussi. Les Franck Corrihons, Fred Vélo, Willy Taofifenua, qui avaient alimenté mes rêves de gosse, s'étaient illustrés à Lesdiguières.

Les histoires écrites sur cette pelouse, entourée de tribunes à l'anglaise, avec des poteaux en ciment très caractéristiques, aujourd'hui disparus, qui soutenaient la toiture de la tribune nord, avaient bercé mon enfance. Je ne le savais pas alors mais ce stade portait le nom d'un connétable, François de Bonne de Lesdiguières, ancien maréchal de France nommé gouverneur du Dauphiné par Henri IV[1].

Je retrouvais les pelouses du stade annexe Bachelard, où mon père m'emmenait quand j'étais gamin. C'est au FCG que je gagnerai mon premier titre, en benjamins, avec deux copains qui allaient marquer mon enfance, Antoine Bernard, qui arrivait de Saint-Égrève, et Johann Authier, débarqué de Seyssins. Lorsque mes parents déménageront pour s'installer dans un pavillon du domaine Saint-Hugues, à Saint-Égrève, Antoine deviendra mon copain le plus proche, celui avec qui je passerai la plus grande partie de mon temps. Il habitait juste à côté de chez nous.

En 1994, nous décrochons le titre contre La Voulte, à Dompierre-sur-Besbre, dans l'Allier. Nous réussissons le carton plein : pas un seul match perdu de toute la saison ! Entre-temps, j'ai connu ma première grosse émotion de petit

1. À ce titre, il fut à l'origine de la rénovation des quais de l'Isère et des constructions du parlement, de la trésorerie et du château de Vizille.

supporter. Une énorme désillusion. J'étais au Parc des Princes pour la finale du championnat 1993, marquée par la cruelle défaite du FC Grenoble contre Castres. La bande à Jacques Fouroux est fauchée en plein vol par une erreur d'arbitrage qui accorde l'essai au Castrais Gary Whetton, l'ancien international All Black, alors que c'est un Grenoblois, Franck Hueber, qui a aplati le ballon en premier. J'étais dans les tribunes, juste derrière la ligne. J'en ai pleuré. C'était tellement injuste. L'apprentissage se poursuit. Ces faits de vie, ces anecdotes forgent le caractère. On apprend à perdre, à gagner, à avaler sa déception, à vivre parfois avec le sentiment d'injustice.

Je déteste perdre et Antoine Bernard, mon pote, l'apprend à ses dépens. Comme il habite juste à côté du pavillon de mes parents, au domaine Saint-Hugues, nous sommes devenus rapidement inséparables. Il est un peu plus grand et un peu plus costaud que moi. À chaque jeu, pour chaque exercice, c'est la compétition. Sur le stade du Fontanil, où l'on organise d'interminables matches de gagne-terrain ou des parties de foot américain, à un contre un, parfois à trois contre trois ; dans la rue lorsqu'on se prend pour Carl Lewis en se défiant à la course ; ou devant la PlayStation, il faut que je gagne... Si j'ai le malheur d'avoir été battu ou devancé, je demande que l'on recommence la course, le saut, le jet, la partie. Jusqu'à ce que j'aie le sentiment d'avoir gagné ! Le nombre de fois où je suis monté chez Antoine en grimpant par le mur de sa chambre... Juste pour une partie de jeu électronique, alors que nos parents nous imaginaient en train de réviser nos leçons... C'était le bon temps de la jeunesse insouciante. Où l'on goûtait d'un quatre quart et d'une bouteille d'Oasis sur les marches de l'église après nos mémorables jeux et défis.

TÉMOIGNAGE
Antoine Bernard, ami d'enfance

« Des qualités mentales au-dessus de la moyenne »

« Lorsque Vincent est arrivé au domaine Saint-Hugues, on a vite sympathisé, se souvient

Antoine Bernard. *Nous avions le même âge, les mêmes points d'intérêt, et une passion commune pour le rugby. Nous fréquentions la même école, Barnave, depuis le CE1, jusqu'au collège. Tout mis bout à bout, nous sommes devenus très copains. Sur les terrains du Fontanil, de Lesdiguières puis de toute l'Isère, on a vécu de belles choses ensemble. Ça nous a soudés. J'ai découvert le trait de caractère de Vincent. Il est obstiné. Mais dans le bon sens du terme. Il sait ce qu'il veut, où il veut aller et quand il veut y aller. Rugbystiquement parlant, il s'est construit d'abord mentalement puis physiquement. Il avait des qualités mentales au-dessus de la moyenne. Plus fortes que la majorité des enfants. Et physiquement, comme ce n'était pas un dominant, qu'il n'écrasait pas les autres, il a développé un sens tactique. Techniquement, il s'est construit en passant des centaines d'heures à jouer sur les pelouses, au Fontanil ou ailleurs. Notre moteur commun était la passion. Elle nous portait, nous transportait. On en a regardé des matches de rugby ensemble, des cassettes, des vidéos.* »

Avec les minimes du FC Grenoble, nous jouons la finale nationale des minimes, le Super Challenge de France, à Brive, le 26 mai 1996, que nous perdons face aux Catalans de l'USAP (5-0). Mais avec les copains, Antoine, Johann, Ricardo ou Youri, nous vivons une superbe jeunesse. Heureuse et sans autre désir que de nous amuser.

---

(1) En fait Vincent a joué quelques matchs avec Jean-Pierre Clerc, dans les 6 Roses, des anciens joueurs du FCG où son père termine sa carrière de rugbyman. Il a même le plaisir de jouer face à l'une de ses idoles, Philippe Sella, à l'occasion du jubilé Didier Camberabero. Il gagnera ce jour-là la paire de chaussettes offerte par le trois-quart centre international.

Chapitre 2

Premiers trophées

Le rugby me plaît déjà beaucoup. Mais il me plaira davantage encore lorsque je croiserai la route de mon professeur d'EPS au collège Barnave de Saint-Égrève, Yves Bardou. Petite anecdote amusante, le nom de Barnave m'a poursuivi longtemps pendant mes études puisque j'ai fréquenté les bancs de l'école maternelle publique Barnave, puis ceux du collège Barnave[1].

Grâce à Yves Bardou, le rugby fait partie des activités sportives de pointe du collège. Avec le

1. Antoine Barnave (1761-1793) était un homme politique grenoblois, avocat à 21 ans, très impliqué dans la vie politique régionale puis nationale, maire de Grenoble à 29 ans, brillant orateur, avant d'être guillotiné à 32 ans.

concours du Comité des Alpes, il s'est battu pour instaurer une section sportive rugby avec des horaires aménagés permettant la pratique du ballon ovale. Un peu sur le modèle de ce qui se fait en Nouvelle-Zélande. Au FCG, Max Roi nous conforte dans notre envie de jouer aussi en scolaire, il nous dit que c'est très bien d'avoir une double activité rugby, en club et au collège. Avec mon copain Antoine, toujours à mes côtés, nous nous amusons beaucoup, sous les deux maillots.

Nous passons beaucoup de temps ensemble. Sur la piste en tartan ; sur les tatamis de judo, car le cycle proposé par Yves Bardou est un cycle judo-rugby ; et sur les terrains, bien sûr. Le mercredi, à l'UNSS[1], nous nous retrouvons toujours entre trente et quarante gamins, pour nous dépenser, nous affronter, nous amuser. Yves Bardou est un entraîneur attachant. D'une grande gentillesse, proche de tous ses gamins, pédagogue. Avec les benjamins du collège Barnave nous remportons le tournoi de rugby à 7 du Comité des Alpes, à Aix-les-Bains. C'est

1. L'Union nationale du sport scolaire.

ma première coupe, mon premier trophée. Je joue souvent en numéro 9, derrière la mêlée, et Antoine à l'ouverture. Mon gabarit de l'époque correspond parfaitement au poste.

Nous participons également aux championnats de France d'athlétisme UNSS, à Limoges (je me suis d'ailleurs aperçu bien des années après que celle qui deviendra ma femme, Valérie, était présente cette année-là, à ces mêmes championnats, avec le collège de Pibrac ; on a failli se rencontrer plus tôt). Un joli souvenir car c'est notre premier voyage de trois-quatre jours loin de la maison. On se partageait les épreuves : moi je courais le demi-fond parce que j'étais assez endurant, je parvenais bien à reproduire les efforts, plus le triple saut ; Antoine courrait le 50 m haies et sautait en longueur. On a bien terminé au classement par équipes. On aurait fait mieux si on n'avait pas connu un petit malheur.

Avec un copain, Youri Aguilaniu, on s'amusait dans le gymnase avec un rameur. On était un peu tout fous et on maîtrisait mal la pratique de l'engin. À un moment, Youri s'est trouvé éjecté du fauteuil du rameur et il est tombé les fesses sur le rail. Il a poussé un hurlement. Il venait de se casser le coccyx. J'étais en panique. Youri était le dernier relayeur, le plus rapide d'entre nous. Nous ne gagnerions pas le relais… Il était le petit-fils de Roger Aguilaniu, journaliste au *Dauphiné Libéré*, grâce à qui nous avons eu nos premiers articles dans la presse locale. Le pauvre, il a fini le voyage à Limoges aux urgences.

TÉMOIGNAGE

Yves Bardou, entraîneur des débuts

« Un gringalet malin comme tout »

« *Vincent,* raconte Yves Bardou, *était un petit bonhomme, un athlète de poche. Quand il est arrivé au collège Barnave, venant du Fontanil, j'ai tout de suite repéré ce petit blondinet, plein de qualités malgré son physique de gringalet. Vincent était déjà très rapide, malin comme tout. C'est pourquoi je l'ai positionné derrière la mêlée. Pour son âge, je le trouvais très éveillé. Il voyait juste et clair. Au rugby, tu ne peux pas faire semblant, tu ne peux pas tricher. Lui ne trichait pas, même lorsqu'il s'agissait de plaquer le balèze de l'équipe, Jean-Christophe Brancaz. À chaque plaquage réussi, je leur offrais un poster ! Je l'ai eu de la 6ᵉ à la 3ᵉ. À l'époque, le collège Barnave était un véritable vivier du rugby isérois. Un collège de banlieue avec des gamins plein de vie. L'US Saint-Égrève, le club local, puisait largement dans ce vivier. Il n'était pas le seul. »*

C'est alors que se produit un événement mémorable pour le petit rugbyman en herbe que je suis. Au mois d'octobre 1993, les Wallabies australiens, champions du monde en titre deux ans plus tôt, passent par Grenoble. C'était l'époque où les équipes effectuaient leurs tournées d'automne dans un ou deux pays et affrontaient en semaine des sélections régionales pour préparer leurs test-matches. À l'époque, mon idole s'appelait Tim Horan, le trois-quarts centre que l'on surnommait « *the line breaker* », le briseur des lignes défensives. Et la sélection australienne, qui devait jouer le mardi soir à Lesdiguières contre la sélection du

Sud-Est, juste avant le premier test-match joué à Bordeaux, est venue s'entraîner au Fontanil. On peut imaginer ce que ressentent des gamins de 11-12 ans qui approchent leurs joueurs préférés. Tim Horan, j'ai gardé longtemps son poster dans ma chambre. J'étais émerveillé. J'approchais toutes mes idoles. Ce genre de rencontres marque les esprits plus qu'on ne l'imagine. Surtout quand on est gamin. J'ai souvent dit par la suite que ce souvenir a été un moment décisif dans ma volonté de faire carrière dans le rugby. En tout cas, ça l'a confortée.

Yves Bardou reste mon mentor. Un passionné. D'une grande humilité, il nous faisait partager sa passion. Il m'a inoculé le virus du rugby. Toute la durée de ma vie de collégien, Yves a été là, personnage incontournable de mon adolescence. Il a parfait mon éducation. Max Roi, Yves Bardou, mon père dans l'ombre : mes guides veillaient sur mon parcours, balisaient ma progression. Une construction indispensable à mon futur statut de joueur de rugby de haut niveau. Et d'homme tout simplement.

Chapitre 3

Une année noire

Tout allait bien. Ma vie s'écoulait paisiblement, entre le lycée, les copains, le rugby. Avec les cadets du FC Grenoble, je prenais du plaisir, même si j'avais connu mon premier gros pépin physique, une fracture de la rotule. À l'école, je travaillais suffisamment pour me maintenir dans la bonne moyenne. Je poursuivais tranquillement mes études en classe de première, sans histoire. Le seul bémol venait de ces douleurs dans le bas du ventre, qui me pliaient en deux par moments. Diffuses au début, elles avaient fini par devenir franchement douloureuses, lancinantes. Me voyant souffrir, mes parents s'inquiètent. Ma mère prend immédiatement rendez-vous chez notre médecin généraliste.

Il m'ausculte, me pose quelques questions et lorsqu'il me demande de me rhabiller, il dit à maman sur un ton qui se veut rassurant : « C'est le stress ! » Comme la douleur persiste, je retourne le consulter et il n'en conclut une nouvelle fois rien de très grave. Toujours la même réponse : « Stress… gastro… »

Le diagnostic me surprend. Je n'imaginais pas le stress capable de provoquer ce genre de douleur. Certes, l'anxiété ou la peur de ne pas réussir dans les études pouvaient avoir des effets secondaires pervers, ou laisser filtrer quelques angoisses, mais de là à ressentir ce que je ressentais… Comme des piqûres d'aiguilles ou plutôt des coups de couteau dans le bas du ventre… Quelques heures après la dernière visite chez le médecin, la douleur n'a pas disparu. Elle revient même avec insistance. Je souffre en silence.

Comme je ne suis pas du genre à me plaindre, je la laisse s'installer. Jusqu'à ce qu'elle me devienne insupportable. Un jour, en plein cours, je dis au prof que j'ai trop mal. Je suis plié en deux. Je ne peux pas marcher tellement le coup de poignard est violent. Je suis à genoux, par terre, je ne peux même pas me relever. Mes parents, alertés, viennent me chercher et réagissent très vite. Ils m'accompagnent aux urgences d'une clinique du centre-ville, à Grenoble.

Le médecin qui me reçoit n'hésite pas une seconde lorsque je crie ma douleur à l'instant où il appose ses mains sur mon bas-ventre. « Début de péritonite, il faut opérer en urgence ! » Cette fois, le verdict est sans appel. Je dois passer sur la table d'opération. L'infection a gagné du terrain, il faut la contenir. L'opération se passe sans problème. Je suis mis en chambre, traité aux antibiotiques une petite quinzaine de jours.

Lorsque le feu vert du retour à la maison est donné par le corps médical, j'imagine que j'en ai terminé avec mes ennuis abdominaux... Mais en retrouvant mon univers familial, je ne me sens pas très bien. Sans envie, ni aucun dynamisme. Une fièvre tenace m'envahit. Elle dure quarante-huit heures, le temps d'un week-end, et m'affaiblit. Je parle peu, ne m'alimente pas davantage. Mon père, inquiet, me ramène aux urgences. Il prend soin d'appeler un de ses amis, Max Micoud, professeur au CHU de Grenoble-La Tronche, où il est le chef du service des maladies infectieuses. Il est aussi un (très) proche du FC Grenoble, puisqu'il en fut le président, au début des années quatre-vingt, à l'époque où jouait mon père ; c'est lui qui avait fait venir Jean Liénard, l'entraîneur emblématique du FCG, au chevet du club.

Il me rend visite, en ami de la famille. Le professeur Micoud opère généralement au CHU de Grenoble-La Tronche, et il n'a pas autorité pour intervenir à la clinique, mais il fait ce qu'il faut pour donner son diagnostic. Je suis intransportable. Très vite, il constate un certain nombre d'anomalies. Il parle aux chirurgiens de la clinique, avec qui il finira par trouver le bon protocole, les antibiotiques qui enrayeront la fièvre et me sortiront de l'impasse dans laquelle m'avait entraîné une négligence médicale. Je lui suis très reconnaissant. Je garde en moi toute l'admiration et le respect pour ce qu'il a fait.

Je suis resté hospitalisé une quinzaine de jours. Le danger de la septicémie éloigné, on m'a gardé en observation pour éviter toute rechute. Je ne me rendais pas vraiment compte de ce que je vivais. Mon naturel optimiste, insouciant, m'empêchait de jauger la gravité de la situation. Pour moi, les choses étaient claires : dès que la plaie aurait cicatrisé, tout rentrerait dans l'ordre… Rien ne me paraissait grave. J'étais amaigri, OK, et alors ? C'était normal, vu ce que j'avais vécu ! Je mangeais des glaces ? C'était logique puisqu'il fallait que je ménage mon estomac ! Et puis, de toute façon, le professeur Micoud et mes parents ne m'avaient certainement pas tout dit !

D'un naturel timide, j'étais à la fois content et flatté de voir les copains se relayer à mon chevet. Il y avait bien sûr Antoine, Julien, Greg, ma garde rapprochée. Et les autres. Ils m'apportaient les cours manqués, les devoirs à faire. Comme si je devenais le centre d'une attention que je n'avais jamais eue. Ni recherchée non plus. Ça me faisait plaisir de les voir défiler dans ma chambre d'hôpital. Et puis, grâce à eux, je gardais le contact avec le monde extérieur, celui que je n'avais jamais imaginé quitter. La vie réserve parfois son lot de surprises... Parfois bonnes, d'autres beaucoup moins ! Ce mois de galère a laissé des traces. Lorsque je pousse la porte de la clinique, côté sortie, je retrouve l'agitation du centre-ville grenoblois. J'ai le souvenir d'un soleil rayonnant dans le ciel, d'une envie de bruschetta. Je cligne des yeux. Je me sens bien, même si je ne suis pas très gaillard. En rentrant à la maison, je suis très amaigri, j'ai perdu douze kilos mais le moral reste bon.

Passé la crainte, la vie reprend son cours. Mémé Lily, Liliane, ma grand-mère paternelle, appelée à la rescousse pour garder ma sœur toute la durée de l'hospitalisation, est retournée chez elle, à Paray-le-Monial. C'est bon de retrouver ma petite Margaux. Elle n'a pas compris tout ce qui s'est passé. Mes parents, très protecteurs, ont fait en sorte que ma sœur ne soit pas trop affectée par mon absence. Ils avaient leur lot de tracs suffisant avec moi...

Aujourd'hui que je suis devenu papa à mon tour, je peux imaginer leurs angoisses et la violence de la situation. Voir son enfant souffrant, opéré deux fois en quinze jours et qui passe si près du vide… Je me souviens encore du regard inquiet de Margaux quand j'ai retrouvé la maison, à Saint-Égrève. J'étais tellement maigre. Et mon teint si pâle. Moi d'ordinaire si remuant, je n'avais pas beaucoup d'énergie. Nos retrouvailles furent comme une bouffée d'oxygène.

Ma saison de rugby est bien évidemment terminée avant l'heure. Plus question d'aller toucher le ballon. Je mets une croix sur mon activité préférée et finis l'année scolaire en roue libre. Je passe malgré tout en terminale, sans avoir travaillé autant que j'aurais dû. Je paierai la note l'année suivante…

Chapitre 4

Envole-moi

L'épreuve de la maladie m'a rendu certainement plus fort. Elle a endurci mon moral, en même temps qu'elle m'a ouvert les yeux sur la fragilité des choses. J'étais amoindri physiquement mais renforcé mentalement. Je récupère rapidement le poids perdu, je gagne une dizaine de centimètres en taille. La transformation est en cours. La chrysalide va devenir papillon et voler sur son aile ! À gauche, à droite...

Depuis tout gamin, je suis un compétiteur. La soif de gagner est plus forte que tout le reste. J'ai horreur de perdre. Les épreuves endurées ont décuplé cet état d'esprit. Le rugby, qui était déjà pour moi un élément important de ma vie d'adolescent, a occupé encore un peu plus de place. Aussi, quand l'opportunité d'intégrer le centre de formation du FC Grenoble se présente, je ne la laisse pas filer. Je passe les tests pour intégrer l'un des tout meilleurs centres du rugby français – l'un des deux ayant servi de modèle pour la mise en place du cahier des charges du ministère et de la FFR lorsqu'il s'est agi de structurer les filières de la formation française –, dirigé de main de maître par Christian Rizzi. L'autre centre à la pointe du progrès était celui du Stade Toulousain… Nous sommes une cinquantaine à nous présenter au concours d'entrée devant un aréopage d'entraîneurs et de formateurs, dont Jean Devaluez, le père des fameux « fondamentaux » du rugby. Je suis pris, prêt à m'envoler vers mon destin.

TÉMOIGNAGE

Jean Devaluez, formateur

« Attachant, sérieux et discipliné »

« La première fois que j'ai vu Vincent, il devait avoir une dizaine d'années. Il venait d'intégrer

l'école de rugby, se souvient Jean Devaluez. *Je connaissais très bien son papa, Jean-Pierre, que j'avais eu comme élève, lorsque j'étais prof au STAPS. Je me souviens d'un gabarit léger, un enfant très discret mais appliqué. En tout cas, il ne possédait pas du tout les qualités qu'il a développées par la suite. Ce qui m'avait frappé c'était plutôt son habileté et surtout son explosivité. Il avait l'habileté des enfants qui vivent et grandissent dans un climat culturel favorable. Je suis sûr que son efficacité gestuelle, il l'avait travaillée en passant des heures à jouer avec les copains sur les stades du Fontanil ou de Saint-Égrève. Ces acquisitions sont certes empiriques mais aussi définitives. Le gamin était attachant, sérieux et discipliné. On sentait qu'il avait des valeurs et on s'attache forcément à ce genre de gamins. Et puis il venait de la banlieue grenobloise. Beaucoup d'enfants des banlieues percent. Parce qu'ils ont un avantage sur ceux qui habitent en centre-ville. Ils ont de l'espace, ils peuvent sortir, se défouler. Ils développent un esprit de clocher. La banlieue est un terreau favorable à l'épanouissement des gamins, parce qu'ils se mélangent, l'émulation vient de la différence des catégories. Plus on s'affirme, plus on prend confiance en soi. C'est un cheminement. C'est la raison pour laquelle on en voit autant réussir dans le sport aujourd'hui. Et puis Vincent a travaillé. Beaucoup. Ce n'est pas un hasard s'il a réussi la carrière qu'il vient de terminer. Quand on me parle chiffres, statistiques, moi je regarde plutôt le travail qui est fait derrière. C'est vrai pour un Wilkinson, c'est aussi vrai pour un Clerc... »*

Mes parents sont d'accord pour que je quitte le domicile familial à la condition que l'école reste ma priorité. Je joue avec les juniors Reichel. C'est Yves Pinotti, coéquipier de mon père qui jouait avec mon père dans les années quatre-vingt, et qui avait participé à la montée du FC Grenoble en 1979, qui nous entraîne, avec Gilles Pichon-Martin. Yves avait entraîné l'équipe première deux saisons avant de reprendre les juniors. C'est lui qui me positionne sur l'aile. Jusqu'alors j'avais surtout joué trois-quarts centre, après mes expériences derrière la mêlée ou à l'ouverture dans les équipes de jeunes. À son contact, je vais énormément progresser et prendre conscience de mes capacités.

Pour fêter ma majorité, j'ai droit à un super cadeau. Le jour où on fête mon anniversaire, mes parents invitent au siège du FCG tous les copains que j'ai depuis l'enfance. Je suis très touché, ému aux larmes. Davantage encore lorsque je vois débarquer dans cette petite fête surprise l'arrière de l'équipe première, Franck Corrihons, dont je suis un fan, un fervent admirateur. C'est mon père qui lui a demandé de venir et Franck a fait le crochet par la petite fête. Je remercie papa et maman pour leur gentille attention. Seul hic, un mois plus tard, je ne suis pas en mesure de leur rendre le bonheur qu'ils m'ont procuré.

Alors que j'ai passé avec succès les tests pour intégrer le centre de formation du FCG, je rate mon bac S. Je crains le pire. Ma mère m'avait bien fait comprendre que si je ne travaillais pas suffisamment, elle m'enlèverait de la tête l'idée d'intégrer le centre de formation… Mais l'année de mes 18 ans a été chargée : j'ai le bac à préparer, une place au centre de formation à assurer, le permis de conduire à passer… que j'obtiens du premier coup. Ça faisait beaucoup de choses… Je crois surtout que je n'avais pas mis les priorités dans le bon ordre ! Et clairement le bac ne faisait pas partie de ces priorités…

Indulgents, mes parents m'autorisent à intégrer le centre malgré mon échec au baccalauréat. Et me mettent un marché entre les mains : j'obtiens mon diplôme, je reste, je le rate à nouveau, et c'en est fini de mes rêves. Pour atteindre l'objectif fixé, je change de lycée, je quitte Champollion et je rejoins Vaucanson, un lycée polyvalent avec des classes préparatoires aux grandes écoles. Le niveau est relevé. Je redouble ma terminale dans une classe où mes camarades se montrent bien plus brillants que moi. Les effets sont bénéfiques puisque cette fois-ci, j'obtiens mon bac, avec mention. J'ai rempli mon contrat, mes parents sont soulagés. Je peux rester au centre de formation et démarrer un cycle d'études supérieures à l'UJF, l'université Joseph-Fourier.

Je m'inscris pour un Deug en STAPS (Sciences techniques des activités physiques et sportives), avec l'ambition de me préparer au concours d'entrée pour une école de kiné. L'UJF a une belle équipe universitaire de rugby, entraînée par Jean-Pierre Henry, que je rejoins immédiatement après mon inscription. Je vivrai quelques belles aventures, dont les fameux derbies contre l'UPMF, l'université Pierre-Mendès-France. Son équipe de rugby est dirigée par Pierre Chaix, le sélectionneur national des universitaires ; ou une superbe victoire à Montpellier.

Je jouais face à Jean-Philippe Grandclaude que je retrouverai ensuite chez les moins de 21 ans, et j'avais inscrit ce jour-là trois ou quatre essais. Je partage ces bons moments avec Johann Authier ou Julien Puricelli. Pierre Chaix me sélectionne pour un match contre les universitaires anglais. Ce sera ma première sélection dans une équipe nationale. Avec un essai à la clé.

TÉMOIGNAGE
Yannick Nyanga, coéquipier à Toulouse

« À Toulouse, je l'ai appelé "mon idole" »

La première fois que nos chemins se sont croisés, se souvient Yannick Nyanga, *c'était lors d'un match universitaire. Je jouais pour l'université de Montpellier. On avait pourtant une super équipe avec Dimitri (Szarzewski), Jean-Philippe Grandclaude ou Pierre-Emmanuel Garcia. On perd chez nous. Vincent a inscrit quatre essais ! On se regardait et on se demandait d'où il sortait celui-là... Deux ans plus tard, il était international avec le Stade Toulousain ! Mais au début, je n'ai pas fait le lien ni le rapprochement. Evoquer Vincent, ça me rappelle tellement de bons souvenirs ! À Toulouse, je l'ai appelé* « mon idole » *pour plusieurs raisons : il représente beaucoup de choses dans le monde du rugby : un bel exemple pour les jeunes. Il attache beaucoup d'importance à ceux qui l'entourent. Il a toujours le mot juste, le bon message quand tu es dans le trou ou que ça ne va pas... Cette étiquette de « gendre idéal » qu'on lui a collé dans le dos, elle n'est pas galvaudée... Sur le terrain, il donne toujours le maximum. C'est après un match de Coupe d'Europe à Llanelli qu'il est devenu* « mon idole » *! On joue dans notre camp, je fixe un défenseur et je croise la passe avec lui. Je lui ai aménagé l'espace. Une simple croisée. Soixante mètres plus loin, il marquait un essai de fou. Il avait fait le reste du boulot.*

Au cours de cette saison 2000-2001, je fais preuve d'une belle efficacité et je marque une quinzaine de fois avec les juniors Reichel du FC Grenoble. Je prends du plaisir sur le terrain. Je me suis étoffé physiquement, et je progresse techniquement. C'est cette année-là que je commence à porter un casque de protection, noir dans un premier temps, aux couleurs du FC Grenoble, bleu et rouge, ensuite. La raison ? Lors d'un match à Bourgoin-Jallieu, en plaquant un adversaire, j'ai pris son genou dans mon oreille gauche. Si violemment que mon oreille s'est déchirée au niveau du lobe supérieur. Elle n'était pas très jolie à voir. On m'a posé vingt micropoints de suture à l'intérieur de l'oreille, et vingt à l'extérieur !

Après cet accident, je porte un bandeau, mais lorsque je le retire, mon oreille est complètement décollée. Esthétiquement une horreur. Je fais part de mon inquiétude au chirurgien qui me rassure en me disant que l'oreille retrouvera sa place initiale. Je garderai le casque jusqu'en juin 2004 et un match du Tournoi en Écosse.

Avec Johann, nous inventons une combinaison. Comme il est difficile de franchir la ligne défensive adverse avec nos petits gabarits, il faut trouver des subterfuges pour surprendre nos adversaires. Compenser notre déficit de taille par des astuces ou des initiatives déroutantes. Notre « spéciale » fera quelques ravages.

Sur les touches en notre faveur, l'un de nous deux ramasse rapidement le ballon tandis que l'autre fait mine de se replacer. En un clin d'œil, celui qui marche vers son camp se retourne et démarre en trombe tandis que celui qui a le ballon en main effectue une remise en touche rapide. L'effet de surprise a pour effet de déstabiliser les défenses adverses. Cette filouterie nous permet d'inscrire quelques essais importants, voire décisifs, comme celui que nous marquons en huitièmes de finale contre Montpellier. Hélas, je me blesse juste avant les quarts de finale. On perd contre le RC Narbonne (25-10), futur finaliste.

La vie est belle. Elle se partage entre le rugby, les études à l'université, les allers-retours Grenoble – Saint-Égrève et quelques petites soirées sympas au *Patio*, où on aime bien aller boire une bière et casser une croûte de temps en temps avec Johann et les copains.

Chapitre 5

Tout feu, tout flamme

J'en ai eu les larmes aux yeux ! Au terme de la saison 2000-2001, mon club de cœur, le FC Grenoble, est relégué en deuxième division, victime de la refonte du championnat pro, qui passe de 21 à 16 clubs. La LNR (Ligue nationale de rugby) crée le Top 16 afin de resserrer l'élite. Le rugby est à la croisée des chemins, le professionnalisme s'installe tout doucement et les instances ont décidé de réduire progressivement le nombre de clubs évoluant au plus haut niveau pour rendre le championnat plus attractif et permettre aux gros clubs de se rencontrer. Imaginez que Toulouse, Clermont ou Toulon n'aient pas joué l'un contre l'autre pendant deux ou trois saisons… Mon père, et certains de ses coéquipiers avec lui, a connu le championnat de France à quatre-vingts clubs ! Un truc que l'on aurait du mal à s'imaginer aujourd'hui.

Le professionnalisme s'installe donc en France avec ses avantages et ses inconvénients. Au cours de cette saison 2000-2001, le FCG s'est montré solide à Lesdiguières, où il a gagné huit de ses dix matches, seulement battu sur sa pelouse par les deux premiers du groupe 2 – la division 1 était scindée en deux groupes, l'un comptant dix clubs, l'autre, celui où jouaient les Grenoblois, onze –, l'ASM (18-24) et le Stade Toulousain (15-28). En revanche il a eu plus de mal à voyager. Au terme de la phase de classement, Grenoble termine huitième de son groupe, la place de barragiste. Jean-Jacques Taofifenua et ses coéquipiers doivent disputer un match éliminatoire contre le huitième du groupe 1 pour assurer leur maintien dans l'élite. Ce sera contre la Section Paloise, à Béziers. Le match du quitte ou double. Malmenés en première mi-temps, les Grenoblois arrachent le droit de jouer la prolongation, grâce à un but de pénalité, son septième du match, réussi dans le temps additionnel par notre buteur néo-zélandais, Mark Beale (21-21). On s'incline finalement 33-21, l'ouvreur palois David Aucagne réussissant quatre buts au cours de la prolongation.

Cette relégation entraîne un chamboulement au sein du club. Le président, Patrick Goffi, démissionne. Il sera remplacé par Alain Etiévent. Les étrangers (Mayerhofler, Albanese, Todeschini, Weldorn) quittent le club, Willy Taofifenua, atteint par la limite d'âge, a raccroché ses crampons pour devenir le manager de l'équipe première. Les finances sont dans le rouge. Le club est sauvé par son bienfaiteur, Serge Kampf, patron de Capgemini. Il met la main à la poche pour éviter le dépôt de bilan. Avec un budget resserré, les dirigeants grenoblois décident de faire davantage confiance aux jeunes du centre de formation pour pallier les nombreux départs. Ils font venir également un nouvel entraîneur, Jacques Delmas, qui avait réussi l'exploit de faire monter Périgueux en première division. Lui et Gilles Cassagne remplacent Michel Ringeval et Didier Camberabero.

Je vis toutes ces transformations sans savoir qu'elles vont avoir une incidence sur ma carrière. Je suis pensionnaire au centre de formation, je joue avec les juniors Reichel du FCG tout en poursuivant mes études de STAPS, à Saint-Martin-d'Hères. Mes potes s'appellent Johann Authier, Geoffroy Messina, Gwendal Ollivier, Michael Vukovic. L'insouciance est de mise. Les journées sont rythmées par les cours, les entraînements, les séances de musculation que Johann (Authier) nous impose.

À cette époque, nous en avions une par semaine au programme. Yohann, lui, s'en infligeait deux de plus. Son demi-frère, Tony, faisait de la musculation, et avait entraîné Yohann à la salle. Il l'aidait à programmer ses séances. Yohann nous faisait profiter de cette expérience et nous découvrions avec lui les basiques de la muscu. En fin de journée, après les cours, on filait au Club Med Gym, à Seyssinet, juste après le pont de Catane qui enjambe le Drac. Même à la salle, la compétition était féroce. Surtout avec Johann, parce que Geoffroy, lui, taillé comme il était, n'avait pas vraiment besoin de se remplumer et de s'infliger des séances supplémentaires... Nous, les petits gabarits, on souffrait de la comparaison avec lui. Alors on bossait deux fois plus, et on soulevait de la fonte deux à trois fois la semaine. Pour la musculation, nous avions une carte d'accès à une salle de sport, celle du Club Med Gym. Avec Johann, on en rajoutait toujours par rapport aux programmes. Au fil des semaines, on sentait nos corps se durcir. Sur le terrain, on développait davantage de puissance. Il faut dire que nous ne ménagions ni notre peine ni nos muscles ! Avec Johann, on se tirait la bourre. Comme partout, tout le temps... C'était à celui qui soulèverait le premier une barre de 100 kilos au développé-couché ! Je crois que c'est moi qui ai gagné le pari... Non, en fait c'est lui ! Nous étions tous les deux des compétiteurs et chaque exercice était prétexte à relever un défi. Cette émulation, saine, amicale, nous faisait progresser. Je crois que si j'avais été tout seul, je n'aurais pas passé autant de temps dans cette salle de gym. Le rugby est un sport collectif avant tout et on a du mal à travailler seul dans son coin. Ce n'est pas trop la mentalité. Mais avec Johann ou Geoffroy, l'émulation était à son comble.

À l'été 2001, la saison terminée, nous avions prévu de partir en vacances avec mes potes Antoine, Greg, Julien. On devait se retrouver à Capbreton, dans l'appartement d'un copain, Pierre-Olivier. J'étais dans sa cuisine lorsque je reçois un coup de fil. C'est le nouvel entraîneur grenoblois, Jacques Delmas... Il m'annonce qu'il a décidé d'incorporer quelques juniors dans son effectif. Je suis sur la liste et il me convoque pour suivre la préparation de début de saison avec le groupe pro, à Vaujany, près de l'Alpe d'Huez. Je reste sans voix. Tout se bouscule dans ma tête. Je finis par lui expliquer que j'ai prévu de prendre quelques jours de vacances avec mes amis parce que je viens de rentrer de la Coupe du monde des – 21 ans en Afrique du sud. Il me dit : « Tu fais une semaine avec eux et tu nous rejoins... » Quand Jacques raccroche, je suis comme un fou. Les copains sont là, je leur annonce la nouvelle. Ils sont super heureux pour moi. Je préviens mes parents. Je suis sur mon nuage. Durant toute la semaine de vacances à Hossegor, je pense à ce qui m'attend. Quelle excitation ! Il me tarde de quitter les Landes pour rejoindre le groupe dans les Alpes.

TÉMOIGNAGE

Yves Pinotti, entraîneur en juniors

« J'ai un junior qui est en train d'exploser ! »

« Cette année-là, je cumulais les fonctions d'entraîneur des juniors Reichel et de directeur technique du centre de formation, se souvient Yves Pinotti, ancien trois-quarts polyvalent du FC Grenoble. *J'ai joué avec Jean-Pierre Clerc, et on se fréquentait pas mal en dehors du rugby. Pour repartir en Pro D2, le club a fait appel à Jacques Delmas, un entraîneur aux idées modernes qui avaient bien fonctionné du côté de Périgueux. Un jour, Jacques Delmas m'appelle. Il se présente, m'explique comment il veut fonctionner avec le groupe pro. Il me demande si j'ai dans mon groupe un ailier. Il en cherche un et pense à un ancien international en*

fin de carrière, Laurent Leflamand. Il a 34 ans et termine sa carrière... Mais Delmas aimerait autant un joueur en devenir, à former. Il me pose cette question : "Tu as un jeune, chez toi, à me proposer ?" Je lui réponds : "Ne cherche pas plus loin... J'ai un junior qui est en train d'exploser... Il s'appelle Vincent Clerc !" Jacques Delmas me répond : "OK, je ne le connais pas, mais je prends." Quinze jours plus tard, Vincent était dans le groupe pro. Il ne le quittera plus. Ma seule inquiétude était la suivante : Vincent faisait la différence tous les dimanches en Reichel. Il marquait des essais à la pelle, faisait jouer l'équipe en avançant. Franchirait-il le passage entre juniors et seniors ? Serait-il capable de reproduire les mêmes performances ? La réponse n'a pas tardé... »

Pendant tout le trajet vers Vaujany, j'ai du mal à réaliser que je vais m'entraîner avec les pros. Je sais que je ne suis pas assez reposé, mais qu'importe ! Lorsque j'arrive à l'hôtel où loge l'équipe, je suis impressionné, intimidé presque. Tous ces anciens, que je badais il y a quelques semaines encore, les Brian Liebenberg,

Franck Corrihons, Jean-Victor Bertrand, Rickus Lubbe, Julien Frier, les frères Tao, ils sont tous là. Mes potes du centre de formation, Johann Authier et Geoffroy Messina aussi. Il faut dire qu'eux ont déjà joué en équipe première la saison précédente. Ces têtes connues m'aident à me sentir mieux. Je partage la chambre avec Johann. Le stage se passe bien, même si mes muscles tirent un peu ! Au bout de deux ou trois jours de préparation physique, j'ai le psoas et les adducteurs qui couinent. Je ne dis rien, je me masse les cuisses au Warm, une pommade chauffante. Cela me permet de chauffer muscles et articulations, d'effacer les courbatures, de masquer la douleur avant de partir aux entraînements comme si de rien n'était. Et je repars. Au taquet ! Des gestes que j'accomplirai souvent tout au long de ma carrière pour cacher la douleur, ne pas montrer qu'on a mal, ne pas passer pour un faible ou quelqu'un qui s'écoute.

Le stage d'avant-saison est l'occasion de créer des liens entre le nouveau staff, les nouveaux arrivants, les anciens, les jeunes.

L'équipe a été bien renouvelée. Jacques Delmas nous présente son projet, ambitieux, basé sur le mouvement et le jeu sur toute la largeur du terrain. Je me fais tout petit dans mon coin. Je ne suis pas du genre exubérant, plutôt timide et réservé. Mais j'enregistre tout ce que j'entends. Lorsque quelque chose ne me paraît pas clair, ou évident, je questionne les anciens.

Dans le vestiaire, sur le terrain, je parle peu. J'estime ne pas avoir l'expérience nécessaire pour prendre la parole. Je ne me sens pas trop à ma place parce que, dans mon esprit, la légitimité de ma présence, je devrai la prouver sur le terrain. Dans ma tête, je suis encore un junior Reichel. Et je me dis que si ça ne se passe pas très bien, le stage me permettra de me familiariser avec les lancements de jeu, de me hisser au niveau physique des seniors. Je savoure chaque séance, chaque moment pour profiter de la chance qui m'est offerte.

Le premier match de la saison arrive très vite. Le 1er septembre 2001, nous démarrons le championnat de Pro D2 à Lesdiguières contre

Tyrosse. Je ne suis pas titulaire. Grenoble s'impose difficilement (29-22). Le moment que j'attends avec tant d'impatience va arriver vite. Le week-end suivant, lorsque Jacques Delmas donne la composition de l'équipe pour le déplacement à Montpellier, et qu'il annonce que je suis titulaire, je ressens une énorme fierté en même temps qu'une poussée d'adrénaline ! Mon cœur s'emballe. Je débute en équipe première dans le vieux stade Sabathé. Mon père a fait le déplacement. Je suis convoqué aussi pour le voyage suivant, en terre basque, à Bayonne.

Le samedi 15 septembre 2001 reste une date inscrite à jamais dans ma mémoire. Je joue à Jean-Dauger, fief de l'Aviron Bayonnais, où j'inscris mon premier essai sous le maillot du FCG, un peu avant l'heure de jeu. Malgré la courte défaite (20-18), je suis ravi de cette première expérience. De retour à notre hôtel, je crois que nous logions à l'Atlanthal, je suis aux anges. Mes coéquipiers m'invitent à aller boire un verre dans le vieux Bayonne pour fêter ce grand jour. Je déguste une bière ou deux et décide de rentrer à l'hôtel. Je ne veux pas suivre ceux qui ont décidé de prolonger les fêtes de Bayonne. Je regagne ma chambre de l'Atlanthal pour me reposer après une journée si riche, si forte en émotion. Lorsque les copains regagnent l'hôtel, au petit matin, je suis réveillé. Je descends partager avec eux le petit-déjeuner. Il est très tôt, environ 6 heures du matin. On boit le café, on mange les croissants lorsque Jacques Delmas débarque à son tour dans la salle du petit-déjeuner. Il vient nous saluer et me lance au passage : « Alors tu as bien célébré tes débuts chez les pros ? ». Le coach est persuadé que je viens de rentrer à l'hôtel après une nuit festive... Incrédule, je lui réponds que non, que j'ai dormi dans ma chambre et que je partage juste la première collation de la journée avec mes copains... Il n'en croit pas un mot ! Il me dira par la suite que mon attitude n'était pas très pro, qu'il fallait que je sois plus sérieux si je voulais garder ma place dans l'équipe...

J'étais dégoûté. Je n'étais pas sorti, j'avais été respectueux, sérieux et voilà que je me faisais engueuler pour une faute que je n'avais pas commise. Mais je n'allais pas me défendre. Je comprenais que cela ne servirait à rien. Je n'avais pas effectué la tournée des bars du Petit Bayonne, et on ne me croyait pas ! Il m'a quand même mis au frigo pendant quinze jours. Je suis reparti chez les Espoirs. Je me souviens que la semaine suivante, tandis que les copains battaient Rumilly, je jouais contre Strasbourg, à Bachelard, avec les Espoirs. J'étais tellement remonté, tellement meurtri par ce que je considérais être une injustice que j'ai sorti un gros match et planté un essai ou deux. J'ai rejoué ensuite en Espoirs contre le Stade Français, où jouait Raphaël Poullain, et là encore j'ai flambé.

Je ne suis rappelé que début octobre, comme remplaçant lors du voyage chez le leader, Mont-de-Marsan. Je joue quelques minutes, pour un remplacement temporaire. On s'incline 25-10. Les Montois sont solidement installés en tête de la Pro D2. Pour nous, le bilan est plus mitigé : après six journées, nous totalisons trois victoires, toutes acquises à Lesdiguières, pour trois défaites, en autant de déplacements. L'équipe n'a pas encore trouvé son rythme de croisière. Les matches, en Pro D2, sont acharnés. Si l'on veut exister et avoir des prétentions, il faut pouvoir s'imposer à l'extérieur.

Nous attendrons la dixième journée, et le déplacement du 3 novembre à Aurillac, pour signer enfin un succès loin de notre fief de Lesdiguières. J'inscris le premier essai de la rencontre (11e). Il nous ouvre le chemin d'une large victoire (29-13). Ce sera le déclic attendu. Nous enchaînons cinq succès d'affilée, dont un à Marmande où je signe le premier doublé de ma jeune carrière. Un essai en première mi-temps, et le deuxième dans le temps additionnel, qui offre la victoire à mon équipe (30-25). L'épisode bayonnais est oublié. Je suis en pleine bourre. J'inscris cinq essais lors des six derniers matches de la phase aller, que nous concluons début janvier 2002 par une très belle victoire à Mayol, face à Toulon (31-12). Jean-Victor Bertrand réussit ce jour-là un doublé qu'il ne risque pas d'oublier... Pour célébrer nos essais, nous avions travaillé quelques attitudes à l'entraînement, dont celle du « pistolero », qui fait mine de dégainer un revolver et de tirer devant lui. Après sa première réalisation, Jean-Victor prend donc la pose du pistolero, le long de la ligne de touche. Et là, il reçoit un coup de poing au visage, balancé par un remplaçant toulonnais, qui n'appréciait guère notre démonstration de joie et considérait ce geste comme provocateur. Ouvert à l'arcade, Jean-Victor doit se faire soigner. On lui pose un bandeau autour de la tête avant qu'il ne reprenne le jeu ! Il marquera un deuxième essai. Mais je crois que pour célébrer son doublé, Jean-Victor est resté plus sobre. Le pistolero avait rengainé et laissé ses pistolets dans leurs étuis...

Nous virons deuxièmes à la fin des matches allers, derrière Mont-de-Marsan. La venue du leader montois à Lesdiguières est l'occasion d'une belle fête en même temps qu'elle doit nous permettre d'asseoir notre place de dauphin. Nous avons perdu la semaine précédente chez notre concurrent direct pour la montée, Brive (27-15) et tout nouveau faux pas est interdit. Pour moi, le challenge est particulier. Mont-de-Marsan compte dans ses rangs trois magiciens fidjiens, Serevi, Satala et Delasau, un ailier que la presse qualifie de « supersonique ». C'est contre lui que je vais jouer. Je lui rends douze centimètres et dix kilos, mais ce genre de défis, j'adore les relever. La consigne pour éviter qu'il prenne de la vitesse ? Aller le chercher en défense. Ne pas lui laisser un mètre d'espace pour manœuvrer. C'est ce que j'ai fait tout le match. Vilimoni n'a pas eu un bon ballon à négocier. Et je marque un essai, à dix minutes de la fin, qui scelle notre victoire sur le leader (30-16). Quel pied !

Je continue de rêver les yeux ouverts. Je joue en équipe pro, je marque des essais, six après la phase aller, on me fait confiance. Et comme si cela n'était pas suffisant, je suis appelé en équipe de France des moins de 21 ans. Pour un stage préparatoire en Irlande et en Angleterre dans un premier temps, pour jouer le Tournoi des Six Nations ensuite. Je serai même sélectionné en fin de saison pour la Coupe du monde disputée en Afrique du Sud.

Comment voulez-vous que descende de mon petit nuage ? D'autant que mes performances ont débordé les frontières de l'Isère, et n'ont pas laissé insensibles les sergents recruteurs des clubs pros…

Chapitre 6

Mon premier maillot bleu, blanc, rouge

Cette saison 2001-2002 a changé ma vie, et la trajectoire de sa ligne, que je n'imaginais pas grimper si haut ; elle a aussi changé mes aspirations, mes espoirs, mon avenir. Il y a des périodes, comme ça, où tout vous sourit. Tout vous réussit. Un jour, à l'entraînement, Jacques Delmas nous annonce – c'est lui qui a soufflé mon nom aux sélectionneurs – que Geoffroy et moi sommes retenus par les sélectionneurs de l'équipe de France des moins de 21 ans, Philippe Boher et Philippe Ducousso, pour un stage de préparation à la saison internationale. Les quarante meilleurs joueurs français sont réunis pour préparer les échéances à venir, le Tournoi des Six Nations des moins de 21 ans puis la

Coupe du monde, organisée pour la première fois par l'IRB et prévue en Afrique du Sud fin juin. Le stage se déroule en deux parties, la première en Angleterre, à Coventry, puis en Irlande, à Dublin. Je n'en reviens pas. Je suis comme un fou. Moi qui n'ai jamais goûté aux sélections nationales chez les jeunes, je vais porter le maillot bleu, blanc, rouge du XV de France. Quel honneur ! Quel bonheur ! Difficile de décrire la vague d'émotions qui me submerge.

Lorsque j'apprends la nouvelle à la maison, je sens mon père fier de ce qui m'arrive. Quand on a fait carrière dans le rugby, comme lui, on sait ce que signifie une sélection en équipe de France. Une consécration. Représenter son pays, pour moi, c'est l'étape ultime. Tout le monde y pense. Mais ça paraît si lointain. Si inaccessible. Quand tu es petit, c'est même un rêve. Alors, quand il devient réalité… Ma mère, l'est plus encore. Elle l'est, de toute façon, quoiqu'il arrive, elle est toujours fière de son fiston… À l'approche du départ pour la tournée britannique, je sens monter du plus profond de moi comme une coulée de lave, une éruption de sentiments contradictoires où se mêlent fierté, appréhension, joie… et stress.

Ah, le stress ! Il m'étourdit ! Au point que lorsque j'arrive à Roissy, lieu du rassemblement de l'équipe, je suis soudain en proie à une panique folle. Je ne trouve plus ma carte d'identité… Je fouille, refouille, partout. Je cherche et recherche dans mes poches de veste, de pantalon, et même mon caleçon ! Ce n'est pas possible, où est cette fichue carte d'identité ? Où l'ai-je laissée ? Où l'ai-je oubliée ? Qu'en ai-je fait ? Non ! Mais non ! Ce n'est pas possible ! J'ai envie de hurler mon désespoir. Rien n'y fait, je ne retrouve pas ma carte pour autant. Je vais voir Jean-Claude Skrela, le manager de l'équipe des moins de 21 ans, et lui explique mon étourderie. Je lui dis que je vais prendre le train de nuit, rentrer à Grenoble chercher mes papiers d'identité et revenir au petit matin pour embarquer vers Dublin avec le groupe… Il me répond : « Si tu veux… Mais sans carte d'identité tu ne viens pas avec nous… »

L'euphorie de ma première sélection est balayée. La douche froide que je viens de prendre me glace le cerveau. Je téléphone à ma mère pour lui annoncer la mauvaise nouvelle. Passée la stupeur, elle me dit : « Je vois ce que je peux faire. Si on trouve une solution, je te rappelle... » Action, réaction. Elle ira voir les policiers, chez nous, à Saint-Égrève. À leurs yeux, une seule possibilité pour moi d'embarquer dans l'avion, vu le laps de temps réduit : déclarer le vol de la carte. Elle me rappelle pour me livrer cette réflexion. Je reprends espoir. Je file revoir Jean-Claude Skrela, lui dit que ma mère a trouvé une solution. Il me répond : « OK, on le tente ! » Je suis allé au poste de police, à Roissy. J'ai expliqué ma situation. On a rempli la déclaration et je suis parti en Irlande avec un document attestant du vol de ma pièce d'identité. Merci maman !

J'ai pu effectuer le stage, jouer les matches de préparation contre l'Angleterre, deux matches, deux victoires, puis l'Irlande, deux matches, une victoire. Au cours de notre match victorieux à Dublin, j'inscris deux essais en vingt minutes. Mes premiers au niveau international.

À quoi tient parfois une carrière internationale ? Au-delà de l'aspect sportif, je me disais : « Mais qu'est-ce qu'ils vont penser de toi ? Tu arrives au rassemblement, personne ne te connaît et la seule chose que tu leur dis, c'est que tu as oublié tes papiers d'identité… Les entraîneurs vont se dire : "Celui-là, c'est un guignol !" » Je me maudissais. J'étais loin d'imaginer que toute l'énergie déployée pour réparer ma boulette, la réactivité avec laquelle j'avais résolu mon problème, s'étaient transformées en points positifs à leurs yeux. Philippe Boher et Jean-Claude Skrela avaient tenu le raisonnement suivant : « Celui-là, il est hypermotivé ! S'il est capable de résoudre tout seul un problème aussi important, il sera capable d'assumer les situations difficiles au cours d'un match ou d'un tournoi… »

J'ai pu monter dans l'avion pour mon premier « grand » voyage. Quand je rentre à Grenoble, je suis un jeune homme heureux. Comblé. J'ai connu le bonheur d'une sélection internationale, côtoyé l'élite des jeunes du rugby français, la base du futur XV de France.

J'ai fait connaissance avec deux de mes futurs coéquipiers toulousains, Thierry Dusautoir, qui porte alors le maillot de Bordeaux-Bègles, et Greg Lamboley. Intimidé les premiers instants, je m'affirme au fil des jours. Il faut dire que ce n'est jamais facile d'arriver dans un groupe où la moitié des gars se connaissent depuis longtemps. Les Lamboley, Pettigiani, Chobet, Laharrague, Peyrelongue, Boussès sont passés par toutes les sélections nationales de jeunes, moins de 17 ans, moins de 19 ans. Pas moi. J'ai senti un peu de curiosité quand j'ai débarqué en Irlande avec mes cheveux peroxydés et mon casque bleu et rouge aux couleurs de Grenoble sur la tête. Personne ne savait qui j'étais. Quand on demandait un volontaire pour jouer ici ou là, je levais toujours le doigt ! Demi de mêlée, trois-quarts centre ou ailier, que m'importait le poste. J'étais toujours partant. J'avais tellement envie de prouver que j'avais ma place... Je n'avais rien à perdre. Qu'est-ce que je craignais ? Rien. Si un jour, on m'avait dit que je vivrais pareils instants ! Mais le destin est ainsi fait. Je prends ce qui vient sans me poser de questions. Je savoure. Lorsque je reviens au centre de formation du FCG, je suis gonflé à bloc. J'attends tranquillement la liste des sélectionnés pour le Tournoi 2002. Grosse désillusion ! Je suis sur le banc des remplaçants pour affronter l'Italie, chez moi à Grenoble…

TÉMOIGNAGE
Philippe Ducousso,
entraîneur en équipe de France juniors

« Il s'est complètement intégré au groupe »

« Vincent ne faisait pas partie de l'équipe initiale, raconte Philippe Ducousso, entraîneur des lignes arrières françaises du XV de France juniors. *Avec Philippe* (Boher), *nous avions fait des choix après le stage en Irlande et Vincent n'était pas parmi les favoris du poste, à l'aile. Mais il était juste derrière. Un forfait de dernière minute sur blessure avant le premier match lui a donné sa chance. On jouait l'Italie à Grenoble, il habitait sur place, c'était un enfant du club. Ça tombait bien pour nous. Il s'est complètement*

intégré dans le groupe, a réussi un bon match face aux Italiens, ça l'a mis en confiance. »

Finalement, je débute le Tournoi contre l'Italie, en février, dans mon jardin grenoblois, à Lesdiguières, suite au forfait de Pierre-Alain Nègre-Gauthier. Je m'éclate sur le terrain. Je déborde, je réussis quelques cadrages-débordements, quelques raffuts. Sur tous les ballons joués, j'avance. Et si je ne marque pas, je décale Geoffroy Messina pour le cinquième de nos huit essais. Nous nous imposons largement (62-3) et je découvre les à-côtés du rugby au plus haut niveau. Je suis même tiré au sort pour effectuer le contrôle antidopage...

Je me souviens de ne pas avoir joué le match contre l'Angleterre mais je suis rappelé pour défier l'Écosse à Aberdeen. Après une première mi-temps laborieuse, on se lâche enfin. Je réussis un triplé et on finit par s'imposer nettement, dans une ambiance étonnante. Il fait presque nuit, un clair-obscur étonnant, parce que le jour tombe vite au mois de mars, dans le nord de l'Écosse. Le créneau diurne avait été dépassé et il n'y avait pas de projecteurs sur le stade. On a terminé la rencontre aux chandelles. Comme souvent dans ma carrière, j'ai su saisir la balle au bond. On m'a donné ma chance et je l'ai prise. Le courant passe bien dans le groupe. Un vrai échange s'est instauré entre les entraîneurs et les joueurs. Les discussions sont fructueuses et nous nous retrouvons premiers du Tournoi avant le dernier match, contre l'Irlande à Vizille.

Après l'Italie, c'est le deuxième match à se jouer en Isère. Curieusement, cette année-là, le comité des Alpes a obtenu deux des trois matches à domicile du Tournoi. C'est pour fêter le centenaire du club local, l'US Vizille, que nous jouons la finale dans mon département de naissance. Après une entame de match délicate, où nous encaissons deux essais dans le premier quart d'heure, nous prenons le contrôle du match. Je marque juste avant la mi-temps, après un renversement d'attaque judicieux. Les Irlandais sont fidèles à leur image : tenaces, rugueux. Nous sommes encore menés 21-19 à quelques secondes du coup de sifflet final, lorsqu'une dernière faute irlandaise est sanctionnée par l'arbitre italien. Julien Peyrelongue ne manque pas l'occasion et nous battons les Irlandais sur le fil (22-21). Le grand chelem, cinq victoires en cinq matches, nous est promis. Nous montrons ainsi la voie au XV de France de Bernard Laporte, qui réussira lui aussi la passe de cinq vingt-quatre heures plus tard... Je suis gâté. Pour mes grands débuts internationaux, je joue la finale du Tournoi « à la maison »[1]. On gagne le titre. Si j'imaginais ce qui m'attendait quelques mois plus tard...

Je prends les plaisirs les uns après les autres. Dans les tribunes du Tournoi, les recruteurs des grandes équipes assistent aux matches. Mon père, qui se retrouve parfois près d'eux,

---

1. Le groupe pour la finale du Tournoi des Six Nations des moins de 21 ans 2002, contre l'Irlande, le 5 avril 2002 à Vizille : **Avants :** Campo (Colomiers), Selva (Béziers), Chéron (Toulon), Chobet (Béziers), Debaty (La Rochelle), Bortolaso (Pau), Friand (Agen), Pettigiani (Dax), Lamboley (Stade Toulousain), Clément (Colomiers), Dusautoir (Bordeaux-Bègles), Mabillon (Bourgoin). **Demis :** Peyrelongue (Biarritz), Siro (Pau), Michalak (Stade Toulousain), Nicolas Laharrague (Dax). **Arrières :** Boussès (Biarritz), **Clerc** (**Grenoble**), Diebolt (Bourgoin), Gobelet (Montferrand), Grandclaude (Béziers), Messina (Grenoble).

commence à entendre bruisser quelques informations. Le nom de Clerc circule dans la bouche de ceux qui ont pour mission de trouver les talents pour les clubs de l'élite. Il croise Jean-Michel Rancoule, l'ancien ailier du « grand » Stade Toulousain des années quatre-vingt – quatre-vingt-dix, dans les travées de Lesdiguières puis du stade municipal à Vizille. Rancoule est l'œil du Stade Toulousain sur les terrains de France… et d'ailleurs. Aussi, lorsque le téléphone sonne dans notre maison de Saint-Égrève, mon père ne reste pas longtemps étonné de l'avoir à l'autre bout du fil. Le Stade Toulousain est intéressé par ma signature. On convient de se voir très vite pour en discuter…

Chapitre 7

De Soweto à l'Ellis Park

Ma saison internationale est loin d'être terminée. Notre grand chelem dans le Tournoi des Six Nations connaît un prolongement jusqu'à la Coupe du monde, la première organisée par l'IRB[1]. Auparavant, cette compétition était l'apanage de la Sanzar, la fédération qui dirige les nations de l'hémisphère Sud. L'IRB a souhaité faire de cette compétition une véritable Coupe du monde des juniors. Programmée en Afrique du Sud, elle étire la saison jusqu'à la fin du mois de juin.

Le groupe victorieux dans le Tournoi est reconduit, sauf Frédéric Michalak qui est

1. L'IRB était la fédération internationale de rugby, aujourd'hui rebaptisée World Rugby.

retenu pour la tournée australienne du XV de France. On ouvre en fanfare face aux Fidji (80-10), au Wits Stadium, un stade universitaire dans la banlieue de Johannesburg. Puis on passe notre premier véritable test contre les Baby Bocks, entraînés par Jake White, à Soweto. Les Sud-Africains ont une équipe énorme avec Gary Botha, Jacques Cronjé, Jean de Villiers, Jaco du Toit, Fourie du Preez, Juan Smith, Gurthro Steenkamp, que je retrouverai quelques années plus tard à Toulouse, Schalk Burger, qui est remplaçant, ou Rico Januarie. Que des futurs Springboks en puissance ! On fait vraiment un gros match.

Ma petite réputation naissante n'a pas semblé plaire aux Boks. En même temps que mon premier ballon, je prends une cravate magistrale. L'arbitre ne dit rien. Le deuxième ballon que je touche est lui aussi « cravaté ». Les copains me diront ensuite que j'ai été ciblé. Ce qui est génial, c'est de constater que les spectateurs de Soweto sont derrière nous. Ils nous encouragent bruyamment ! Mais malgré tous nos efforts, toute notre envie, et le support d'une partie du public, on ne peut rien quand l'adversité est trop forte. Nous faisons jeu égal avec les Baby Boks (9-9 à la 50e). Mais on se fait tellement rudoyer par nos adversaires, sous l'œil impassible de l'arbitre, que, à un quart d'heure de la fin, après une nouvelle agression sud-africaine, l'équipe se rebelle. Bagarre générale. On termine le match à quatorze après l'expulsion d'un des nôtres. On craque sur la fin (28-9).

La qualification se joue contre l'Australie, quatre jours plus tard à l'Ellis Park de Johannesburg, le temple du rugby sud-africain. Je suis impressionné par la majesté des lieux. L'Ellis Park était pour moi un stade d'une autre planète. Un sanctuaire du rugby au même titre que Twickenham, Lansdowne Road, l'Arms Park de Cardiff (rebaptisé aujourd'hui Millennium) ou l'Eden Park à Auckland. L'Ellis Park, c'était aussi le théâtre de la finale de la Coupe du monde 1995, entre les Springboks et les All Blacks, avec un spectateur pas comme les autres, Nelson Mandela, arborant son beau maillot des Springboks.

Fouler la pelouse de ce stade mythique rajoute quelque chose d'irréel à tout ce que j'ai déjà vécu cette saison. Moi, qui n'avais jamais connu les joies de la moindre sélection chez les jeunes, et qui sortais de nulle part, je foulais la pelouse de l'Ellis Park. Moins d'un an auparavant, j'étais encore un petit junior des Reichel du FC Grenoble. Et je me retrouvais en Afrique du Sud à défier l'élite des espoirs du rugby mondial. Grandiose.

Est-ce le décorum ? L'enjeu ? La fatigue du match de Soweto ? Certainement un mix de tout ça. Toujours est-il que les Australiens ne feront qu'une bouchée des petits coqs que nous sommes (64-15). La paire australienne de demis est formée par Matt Giteau et Brock James ! Ils ne sont nullement impressionnés par le lieu, l'événement ou l'enjeu. Nous, oui. Seule consolation pour moi, j'inscris les deux essais français, dont l'un après 80 mètres de course, avec la meute australienne à mes trousses, Turinui en tête. Mais j'ai des cannes de feu et je m'arrache pour aplatir le ballon dans l'en-but australien. Nous ne jouerons pas les demi-finales, juste les matches pour les places de 5 à 8. On terminera la Coupe du monde en trombe, dominant l'Argentine (29-17) dont le capitaine deviendra l'un de mes futurs coéquipiers à Toulouse, « Pato » Albacete. C'est d'ailleurs au cours de cette Coupe du monde qu'il tapera dans l'œil de Philippe Ducousso. Deux ans plus tard, Albacete débarquera à Colomiers avant de signer, plus tard, au Stade Toulousain.

Un dernier match et nous rentrons en France. Dix longs mois se sont écoulés depuis le stage de Vaujany avec les pros du FC Grenoble. J'ai traversé cette saison perché sur un nuage qui survolait ma vie, franchissait tous les obstacles et me faisait voyager. Par-dessus la France, l'Europe, l'Afrique du Sud. Tout était allé si vite. Je repense à l'histoire du passeport oublié avant le départ en stage avec les moins de 21 ans : on ne va pas réécrire l'histoire, mais que serait-il advenu si ma mère n'avait pas eu l'idée du passeport perdu... Je ne le saurai jamais mais je peux l'imaginer ! De toute façon, je ne m'endors jamais sur mes lauriers. Je regarde toujours devant. Je fonce. Je déboule dans la vie avec la même envie que sur mon aile au rugby. Je n'ai pas le temps de penser si j'ai eu de la chance... si une petite fée s'est penchée au-dessus de mon berceau grenoblois... Je dévore.

Mais avant de goûter aux vacances, bien méritées, il reste encore un match à disputer. Une belle cerise irlandaise sur le gâteau sud-africain à déguster. On retourne à l'Ellis Park pour des retrouvailles avec l'Irlande, équipe contre laquelle nous avions gagné deux mois plus tôt en finale du Tournoi des Six Nations, à Vizille. Une victoire nous consolerait de nos déboires sud-africains et nous offrirait la cinquième place. Un petit enjeu en forme de cadeau final que nous aimerions bien nous offrir. On sait qu'au retour d'Afrique du Sud nos vies vont basculer. Terminée l'insouciance des équipes de jeunes. Cette rencontre face aux Irlandais est la dernière pour notre génération. Encore faut-il que nous pensions à la jouer...

L'entame du match est catastrophique. On a pas mal déconné avant le match. L'équipe ressemble à une troupe d'Indiens. Chacun a décidé de s'enserrer la tête d'un bandeau blanc fait d'Elastoplast. Moi, avec mon casque, je n'en ai pas vraiment besoin. J'en suis dispensé. *La Marseillaise* est chantée à tue-tête. C'était à celui qui crierait les paroles le plus fort... Ça rigole, ça s'amuse. L'Irlande va nous remettre la tête à l'endroit. Dès le coup d'envoi, nous sommes submergés par des vagues vertes qui déferlent sans discontinuer sur nos lignes défensives. On prend la marée... et trois essais en suivant. Menés au score (19-0 après 22'), l'addition promet d'être salée.

Les Irlandais nous concassent, nous étouffent. Je réussis à marquer un essai qui nous redonne un peu d'espoir mais lorsque nous regagnons les vestiaires, le score est passé à 26-7. Notre capitaine, « Bobol », Grégory Lamboley, a bien tenté de nous secouer mais on n'y est pas. Dans les vestiaires, on se fait remuer par les entraîneurs, les deux Philippe, Boher et Ducousso.

Au retour sur le terrain, nos intentions sont bien meilleures. Et comme c'est souvent le cas en sport avec les équipes de France, quand tout semble perdu, le réveil est foudroyant. On revient de nulle part, en inscrivant cinq essais. Tous les ballons jouables sont écartés. Parfois de nos propres vingt-deux mètres. Nicolas Laharrague, notre ouvreur, réclame tous les ballons. On relance de notre camp. Après une première traversée du terrain sur 80 mètres, nous inscrivons un essai de folie. Sur une mêlée gagnée dans nos propres vingt-deux mètres, l'attaque fuse. Le ballon vole de main en main et lorsqu'il revient sur l'aile droite, il tombe dans les bras du pilier Sébastien Chobet qui, après la mêlée, avait suivi l'action pour la conclure en bout de ligne, tel un ailier. Je crois que tous ceux qui ont joué cette rencontre se souviennent de cette action. On a remonté notre handicap pour gagner sur la fin un match fou, fou (40-29). La Coupe du monde se termine en apothéose. Avec Mathieu Siro, notre demi de mêlée, nous sommes nominés par l'IRB et figurons dans l'équipe type de la saison 2002[1].

---

1. L'équipe mondiale des moins de 21 ans 2002 a fière allure : Atiga (Nouvelle-Zélande) – **Clerc (France)**, Rathbone (capitaine de l'Afrique du Sud), Tuitupou (Nouvelle-Zélande), Willemse (Afrique du Sud) – (o) Swart (Afrique du Sud), (m) **Siro (France)** – Scaysbrook (Angleterre), Horua (Australie), Roland Bernard (Afrique du Sud) *[qui terminera sa carrière à... Grenoble]*. Albacete (Argentine), Mika (Nouvelle-Zélande) – Castrogiovanni (Italie), Flynn (Nouvelle-Zélande) et Tony Woodcock (Nouvelle-Zélande).

Chapitre 8

En rouge et noir, de toutes les couleurs !

La saison 2001-2002 n'est pas terminée. Mais les grandes manœuvres ont déjà commencé. Je n'ai pas encore signé de contrat pro avec le FCG, lorsque mon téléphone portable sonne. Je suis tranquille dans ma chambre au centre de formation. Je me mets à la fenêtre pour mieux entendre. C'est Nigel Geany. L'ancien arrière néo-zélandais de Bourgoin entame sa reconversion comme agent de joueurs et s'occupe de moi. Nigel me dit : « Je sais que tu ne veux pas que je te parle de mes contacts avant la fin de saison… Mais plusieurs clubs sont intéressés par ton profil. Et dans le lot, il y a le Stade Toulousain… » Toulouse qui s'intéresse à moi ! Forcément, ça secoue un peu.

Les propos de Nigel Geany sont vite corroborés par ceux de Jean-Michel Rancoule, qui vient faire part à mes parents de l'intérêt toulousain à mon égard. Tempête sous un crâne. Me voilà à cogiter longuement sur l'orientation à donner à ma carrière. J'en parle à mes coéquipiers, avec mes parents, avec Antoine (Bernard), mon pote le plus proche. Dans les vestiaires de Lesdiguières, je prends la température. Je cherche à me faire une idée plus précise en écoutant divers avis. Johann Authier me dit qu'il lui est difficile de répondre à ma place, avant de glisser malicieusement : « Je ne suis pas sûr que tu puisses refuser ce choix... » Franck Corrihons, que je considérais un peu comme mon grand frère dans l'équipe, est embêté de penser que je peux quitter Grenoble, mais il rajoute que Toulouse est le meilleur club d'Europe, et que je pourrais « regretter un jour de rater pareille occasion ». Geoffroy Messina sait que je suis Grenoblois de naissance et de cœur et que mon intention est de poursuivre ma carrière au FCG. Il comprend d'autant mieux la situation que lui aussi est un local, natif de La Tronche, la banlieue grenobloise. Et il a également reçu des propositions pour partir. Geoffroy me balance une phrase qui me fait encore plus gamberger : « Quand Toulouse t'appelle, dis-toi bien qu'ils peuvent ne t'appeler qu'une seule fois... » Yves Pinotti, le directeur technique du centre de formation, se doute bien de ce qui se trame. Je ne peux pas lui cacher la vérité. Quand il me pose la question : « Tu es en contact avec un club ? », je lui dévoile la vérité. Yves tentera de me dissuader de quitter Grenoble. Il me dit que je suis encore jeune, que j'ai besoin de m'aguerrir avant de tenter l'aventure plus haut. Que je jouerai plus facilement en première au FCG qu'à Toulouse... Mais il me connaît bien. Il jouait avec mon père. Il m'a vu grandir. Il sent bien que son discours ne me persuade pas. Alors, en désespoir de cause, il lâche : « Peut-être que l'occasion ne se représentera pas... »

Je suis très attaché à mon club, fier de ses couleurs, rouge et bleu, dont j'ai décoré mon casque. Mais puis-je refuser une offre du meilleur club français, voire européen, de l'époque ? Je ne suis pas fixé sur mon avenir. Au FCG on dit que l'on veut me garder, mais j'ai rencontré à plusieurs reprises Willy Taofifenua, le manager du club, et je n'ai reçu aucune proposition. Ça me fait gamberger. Mon père a été clair (sic) avec moi : Ou je reste fidèle à Grenoble, en poursuivant mes études de STAPS et en restant dans le cocon familial. Ou bien je tente l'aventure à Toulouse, faisant du rugby ma priorité et en me donnant tous les moyens. Ou bien, le rugby devient une priorité dans ma vie, et je me donne tous les moyens pour jouer avec les pros. Si c'est le cas, une proposition du Stade Toulousain ne se refuse pas ! Mon cerveau est un peu embrouillé. Je décide… de ne rien décider tout de suite. J'ai le temps avant de faire un choix.

En fait tout ira très vite et avant le dernier match de la saison, début juin, Toulouse m'aura fait signer un contrat pro. Jacques Delmas le sent bien, qui n'arrête pas de me dire : « Tu n'as pas signé ailleurs au moins ? » Je ne savais pas que notre nouveau président, Alain Etiévent, lui avait dit : « Nos deux internationaux moins de 21 (Geoffroy Messina et moi), ils ne partent pas. On les garde ! » Je ne lui annoncerai mon départ qu'au moment où je serai sûr de ma décision. Et Messina signera à l'ASM ! La professionnalisation du rugby est en marche. Elle offre des opportunités inattendues.

Lorsque le Stade Toulousain envoie son éclaireur pour baliser le terrain d'un éventuel transfert, ma mère est un peu effrayée à l'idée que je puisse m'éloigner de Saint-Égrève. Nous sommes convenus d'un premier rendez-vous, après le Tournoi des Six Nations. Il a lieu au mois d'avril, à l'hôtel Mercure de Nîmes, à mi-chemin entre Grenoble et Toulouse. Je me rends à ce premier contact avec maman et nous y rencontrons Jean-Michel Rancoule. Il s'évertue à rassurer ma mère quant à mon avenir sportif, universitaire et à mes conditions de vie sur Toulouse. Il répète que c'est le club qui a choisi que je signe au Stade. Que je vais quitter une famille, certes, mais en intégrer une autre, celle du Stade. Il explique que des joueurs sont en fin de cycle, comme Emile

Ntamack ou Michel Marfaing, et que la volonté des entraîneurs est de les remplacer par de jeunes talents plein d'avenir. Ma mère est émue aux larmes. Elle prend conscience que mon futur est en train de basculer. On décide de se revoir à Toulouse, le mois suivant, avec Guy Novès et le président, René Bouscatel.

Le deuxième rendez-vous est l'occasion de visiter les installations du club numéro 1 en France. Après la visite, je suis invité à déjeuner à la Brasserie, le restaurant flambant neuf ouvert dans l'enceinte du stade. Avec le président Bouscatel et Jean-Michel Rancoule, nous attendons que Guy Novès termine l'entraînement du matin pour déjeuner. Lorsqu'il arrive, je me lève pour lui serrer la main. Au regard qu'il porte sur moi, je comprends vite qu'il s'attendait à un autre gabarit que le mien... Je pense qu'il a dû être déçu par ma taille disons « normale ». Je le vois parler à l'oreille de Jean-Michel Rancoule et puis il revient s'asseoir avec nous.

Fin des années 1970, Jean-Pierre Clerc jouait à l'aile au FC Grenoble (en maillot sombre sur la photo du haut). Il ne s'imaginait pas jouer trente ans plus tard avec son fils, Vincent. Le père et le fils ont eu l'occasion de partager quelques moments de bonheur sous le maillot des 6 Roses, équipe composée d'anciens joueurs du FCG.

Fin des années 1980. Au collège Barnave, sous la houlette d'Yves Bardou (debout, tout à g.), le rugby prend toute son importance. Je ne suis pas très costaud (accroupi au premier rang, 2e en partant de la g.), comparé surtout à Jean-Christophe Brancaz, qui dépasse toute l'équipe d'une tête. Mais ma vivacité compense mon manque de gabarit.

1991. L'équipe des benjamins du FC Grenoble entraînée par Max Roi (debout, à l'extrême dr.), avec mes copains. Je joue trois-quart centre.

Avec Grenoble, nous terminons 2e de Pro D2 lors de la saison 2001-2002. À nous la montée en TOP 16 !

2002. Grand Chelem à Vizille, contre l'Irlande, avec les moins de 21 ans. On peut reconnaître sur la photo, en position debout : Thierry Dusautoir (5e à partir de la g.), Vincent Debaty (5e en partant de la dr.) ou Grégory Lamboley (à l'extrême dr.). Je suis assis sur le banc (5e en partant de la dr.). Les plus à gauche : Jean-Philippe Grandclaude et Jean-Baptiste Gobelet. Les plus à droite : Julien Peyrelongue et Nicolas Laharrague.

2002. C’est bientôt le grand départ pour Toulouse.

Le 16 novembre 2002, j’affronte Jonah Lomu, pour ma deuxième sélection en bleu, contre les All Blacks. Après l’avoir affronté sur PlayStation, je me mesure à ce géant du rugby, tout en chair et en os.

Première finale de Coupe d'Europe à Dublin. Premier essai de la finale contre l'USAP. Et premier trophée à la clé.

Champion d'Europe en 2003 en compagnie de Jean-Baptiste Elissalde, cravaté, Clément Poitrenaud, affamé, et Yannick Bru, émerveillé !

Joyeux Noël en famille. De g. à dr. : Florence, ma mère, Valérie, Éloïse, mémé Lily, mon père Jean-Pierre et Margaux.

11 février 2007. « Happy Sunday » à Croke Park. Un essai décisif contre l'Irlande, à deux minutes du coup de sifflet final, donne la victoire au XV de France (20-17) et m'ouvre les portes de la Coupe du monde 2007.

En 2005, face au Stade Français en demi-finale à Chaban-Delmas (on perdra 18-23), alors que je m'apprête à entrer en jeu, Guy Novès me montre l'endroit dans les tribunes où se trouvent Valérie et nos proches.

2007. Deux maillots, un même sourire éclatant. Avec Valérie.

6 octobre 2007 à Cardiff. Les Blacks veulent bouffer du chicken. Mais on réussit l'exploit de les battre 20-18.

C'est gagné !

TÉMOIGNAGE

Jean-Michel Rancoule, qui m'a recruté au Stade Toulousain

« Ton ailier, il a rétréci pendant le voyage ! »

« *En fait,* se souvient Jean-Michel Rancoule, *quand Guy a vu Vincent se lever pour le saluer, il découvre que Vincent mesure moins de 1,80 m et pèse un peu plus de 80 kg. Pas tout à fait le profil du joueur qu'il espérait voir débarquer… Vincent aurait mieux fait de rester assis ! Il faut dire qu'au départ on recherchait plutôt un trois-quarts centre et on visait Yannick Jauzion, mais il était sous contrat avec Colomiers. Finalement, Jauzion signera aussi avec nous pour la saison 2002-2003. On avait approché aussi Aurélien Rougerie, mais il prolongera à Clermont. Avant de s'asseoir à table, Guy me fait signe de venir, et me dit : "Je peux te voir trente secondes ?" Je savais parfaitement ce qu'il allait me dire. Que le gabarit n'était pas celui que je lui avais annoncé. "Tu rigoles Jean-Mi ? Ton ailier, il a rétréci pendant le voyage ? Tu ne m'avais pas parlé d'un gars costaud mesurant 1,85 m ?" Finalement, c'est passé. J'ai vanté à Guy d'autres qualités que le physique de Vincent. Et Vincent a signé chez nous. Deux agents, Pierre Barberteguy et Nigel Geany, étaient sur le coup, mais nous avons traité directement avec la famille. »*

Nous sommes attablés, en train de déjeuner lorsqu'un petit bonhomme à la voix éraillée, passe nous saluer. Il a la bouche un peu de travers, et sans savoir qui nous sommes, apostrophe le président Bouscatel : « Faites chier, lui dit-il. Vous prenez encore un étranger… » Il me jette un regard noir. Je ne savais plus où me mettre. Je suis un peu abasourdi. Je viens de faire connaissance avec une figure du club, « Jojo » Bescos. J'apprendrai à connaître le personnage, fort en gueule mais si attachant. Un bénévole toujours dévoué qui avait trouvé au Stade sa famille. Avec mes cheveux décolorés, il me prenait pour un Britannique… « Jojo » nous a malheureusement quittés cet été.

Au cours du repas, Guy se montre rassurant aux yeux de ma mère. Il me dit que dans son esprit je viens pour jouer en senior et non pas avec les Espoirs, ainsi que j'en avais formulé le désir. À la condition, bien sûr, que je me montre à la hauteur. À son discours, franc et direct, je n'ai pas le moindre doute. Ici, on ne me la fera pas à l'envers. À moi de prouver que je suis capable de gagner ma place dans cette équipe où chaque joueur est international. Quand nous quittons Toulouse, j'ai pris ma décision. Je n'ai pas encore signé de contrat mais je jouerai au Stade Toulousain ! Mon père est convaincu lui aussi que je trouverai à Toulouse toutes les conditions pour m'épanouir en tant que joueur de rugby.

La route du retour vers Grenoble est légère. Avec un petit bémol. J'appréhende véritablement de quitter mon club de cœur, où j'ai grandi, où j'ai tous mes potes et mes repères. Plusieurs facteurs vont aider à prendre ma décision. Primo, je n'ai pas de proposition du FCG. Secundo, je sais que Geoffroy (Messina), Brian (Liebenberg) et Rickus (Lubbe) sont sur le départ. Que Franck (Corrihons) va mettre un terme à sa carrière. Malgré la montée en Top 16, l'attaque grenobloise va se trouver totalement remaniée. Ils seraient restés, pas sûr que je sois parti de Grenoble.

Avec le FCG, nous terminons la saison en trombe. Le collectif est bien huilé. On se régale. Derrière, ça tourne fort. Et vite. Mon pote, Johann Authier, et Brian Liebenberg forment une charnière redoutable d'efficacité. Messina et le Sud-Africain Rickus Lubbe imposent leur puissance au centre et ouvrent des brèches où Jean-Victor Bertrand et moi nous nous engouffrons avec un bel appétit. Derrière, l'expérimenté Franck Corrihons apporte son sens du placement et sa *vista*. L'attaque grenobloise crache le feu et inscrit 107 essais en trente matches. Plus de trois en moyenne à chaque rencontre. Je termine la saison avec un total personnel de dix essais, mais je ne suis pas le meilleur marqueur de l'équipe, tant s'en faut, puisque je suis devancé par Geoffroy Messina (14), Jean-Victor (13) et Lubbe (11) !

Le dernier match à Lesdiguières, contre Toulon, est l'occasion d'une très belle fête. Notre deuxième place au classement, derrière l'intouchable Stade Montois, ne peut plus être contestée par Brive. Elle nous assure la remontée en Top 16 (le Top 14 n'existe pas encore, les points de bonus non plus). Le retour dans l'élite s'est fait bien plus vite que prévu. Notre dernier objectif est de battre les Toulonnais, dont le président d'alors est Jérôme Gallion, pour préserver l'invincibilité du FCG à Lesdiguières et signer un quinzième succès en quinze rencontres. Ce sera mission accomplie au terme d'un match acharné, remporté in extremis (25-22). J'ai un petit pincement au cœur en voyant le public grenoblois nous réserver une standing ovation tandis que des ballons aux couleurs du FCG s'envolent dans le ciel de l'Isère. Je sais que je viens de disputer mon dernier match sous le maillot bleu et rouge... Mais l'ambiance est si festive que je n'ai pas le temps de gamberger.

Le dîner de clôture de la saison est joyeux. Pendant le dîner, il est remis à chacun une enveloppe kraft : notre prime d'accession, au prorata du nombre de matches joués. Il y a 8 000 francs dans l'enveloppe, soit un peu moins de 1 500 euros. C'est la première fois que je touche une prime à la performance. À Grenoble, à l'époque, je percevais 2 000 francs (environ 300 euros) par mois, ce qui, pour le jeune étudiant que j'étais, était fort appréciable... et apprécié ! Mais là, on me versait une prime ! J'ai glissé l'enveloppe dans la poche de mon jean et je me souviens que, pendant la soirée qui a suivi, au bar où nous fêtions la montée, je me suis surpris à toucher ma poche, tellement j'avais peur de perdre cet argent.

Juste avant de partir en Afrique du Sud jouer la Coupe du monde des moins de 21 ans, Jean-Michel Rancoule vient à Grenoble. Il a dans sa sacoche mon premier contrat professionnel. On se retrouve au Novotel. Mon père assiste à la signature. J'ai à peine regardé le chiffre inscrit en bas du contrat. Ce n'était pas ma priorité. Ça ne l'a jamais été. Il en ira de même lorsque je partirai à Toulon. Le rugby n'a jamais été une affaire d'argent pour moi. Même si la somme proposée par Toulouse me paraissait énorme... Le contrat était de trois ans, pour un montant annuel de 45 734 euros, brut. Il sera revalorisé très vite par les Toulousains, du fait de mon statut d'international puisque je serai appelé en équipe de France dès ma première saison au Stade. Mais lorsque Jean-René Bouscatel, le président toulousain, accepte l'augmentation, il assortit la proposition d'une prolongation de contrat pour deux saisons supplémentaires. J'accepte bien évidemment. Je touche 60 000 euros la deuxième saison (2003-2004) et 70 000 euros la troisième. Toujours en brut. Je n'aurais jamais imaginé gagner aussi bien ma vie en jouant au rugby !

Chapitre 9

Ô Toulouse !

Avec mon père, nous avions loué une camionnette pour transporter les quelques meubles et effets personnels que je possédais. Le trajet entre Grenoble et la Haute-Garonne se passe bien. Mais voilà, nous n'avons pas calculé qu'au cœur de l'été les routes et autoroutes de France sont chargées ! La rocade de Toulouse est bien encombrée. Lorsque nous arrivons, en retard, au rendez-vous fixé par l'agent immobilier qui doit nous remettre les clés de l'appartement loué, il n'est plus là. Ça commence bien ! Il faudra le rappeler et attendre son retour pour que nous puissions aménager le studio que je vais occuper dans un petit immeuble proche du stade Ernest-Wallon.

En quittant Grenoble, je laissais derrière moi Margaux qui, je le sais, était très inquiète de me voir quitter la maison. Ma petite sœur se sentait abandonnée. Mais je la rassurais en lui disant qu'elle viendrait me rendre visite à Toulouse aussi souvent qu'elle le souhaiterait. Maman non plus n'était pas très enthousiaste à l'idée de me voir quitter la maison familiale. Moi, je suis dans ma bulle. Même si je ressens les craintes et les angoisses des miens, je me sens prêt à quitter le cocon, à tenter l'aventure. Au fond de moi, c'est sûr, je me pose pas mal de questions.

C'est la première fois que je quitte Grenoble et mets de la distance avec ma famille, même si j'avais acquis une certaine indépendance les trois années précédentes, lorsque j'étais pensionnaire au centre de formation du FCG. Mais c'était un éloignement… pas très éloigné. Je savais que je pouvais retourner à Saint-Égrève quand je le souhaitais. Tandis que de Toulouse…

Partir représente un joli défi… que je suis prêt à relever ! Je sais mon choix aléatoire.

Privilégier la pratique du sport de haut niveau n'est pas sans danger. Le rugby français n'est professionnel que depuis peu et il n'a pas encore trouvé son rythme de croisière. Mais mon ambition de faire carrière dans un sport que j'adore balaye doutes et incertitudes.

Signer au Stade Toulousain est pour moi une incroyable source de motivation, la chance de me retrouver en compétition au quotidien avec l'élite de ma discipline. Je sais ce qui m'attend. Je vais avoir affaire à forte concurrence. Mais j'ai une telle envie de progresser, une telle détermination que pour moi, à l'évidence, je mets tous les atouts de mon côté en venant au Stade Toulousain, la référence en matière de rugby au niveau français, voire européen.

L'intégration se déroule bien. Je me rappelle la première fois où je suis entré dans le vestiaire, à Ernest-Wallon. Je me suis retrouvé face à des joueurs que j'admirais à la télé quelques semaines auparavant, les Pelous, Ntamack, Poitrenaud, Michalak, Jeanjean, Delaigue, les frères Maka, Trevor (Brennan) ou Garbajosa. C'était à la fois bizarre et impressionnant ! Je me suis mis dans un coin, soucieux de passer inaperçu. Je regardais avec curiosité le va-et-vient autour de moi, sans dire un mot. Heureusement, je connaissais Greg Lamboley depuis les moins de 21 ans. Il m'a servi de chaperon. Nous étions souvent ensemble. Il était mon guide dans l'univers du Stade Toulousain et m'a introduit auprès de son groupe opérationnel et générationnel, les « Fred » (Frédéric Michalak), « Clem » (Clément Poitrenaud), « Nico » (Nicolas Jeanjean), « Bobol » (Grégory Lamboley) facilitant grandement mon adaptation. On me demande de choisir un numéro de maillot. Je prends le numéro 8, celui de Sylvain Dispagne, parti de Toulouse. Et puis le 8 est aussi le chiffre de l'infini...

Nous partons en stage, dans le Massif central, à Issoire, où Toulouse est invité à disputer un tournoi de début de saison. À l'issue du premier entraînement, les coachs organisent un petit match « à toucher ». Garbajosa me plaque sèchement, me monte au ciel et me plante la tête dans la pelouse ! Un bouchon « cathédrale » d'école, lors d'un petit match supposé sans contact ni plaquage. C'est le signe de bienvenue au petit nouveau de Grenoble, à la chevelure décolorée… Une forme de bizutage viril. Une façon aussi de me montrer que sous le maillot rouge et noir les places sont chères. Chacun doit gagner la sienne sans espérer le moindre cadeau ni passe-droit. J'ai capté le message.

TÉMOIGNAGE

Xavier Garbajosa, coéquipier au Stade Toulousain

« Une petite boule de muscles montée sur des pattes de berger allemand »

« *Quand Vincent a débarqué dans le vestiaire toulousain, on ne s'est pas trop retourné sur lui,* confie Xavier Garbajosa. *Avec son casque bleu et rouge, son physique « normal », on le regardait avec curiosité. Et puis, lors d'une séance, je l'ai un peu secoué. Comme tous les jeunes qui débarquaient, il devait passer le test. Montrer qu'il méritait de faire partie de notre caste. C'était un gamin qui venait de l'extérieur. Il ne sortait pas de chez nous, des écoles du Stade Toulousain. C'était rare. On s'est occupé de lui. Il a été bizuté… On lui avait dessiné un joli damier sur le crâne, au rasoir. On aurait pu y jouer aux échecs ! Et son look ! Nous, on était des gravures de mode. Pas lui… Avec ses pompes et ses pantalons aux ourlets retournés. Il n'était pas très soucieux de son image à l'époque… Il a bien changé… Physiquement, il était fort du haut, une petite boule de muscles montée sur des pattes de berger allemand. Sa grosse qualité, c'était qu'il était un garçon sympa, attachant. Et respectueux. Ce n'est pas pour rien qu'on le surnommait « le gendre idéal ». Il faut dire qu'ensuite, il s'est bien marié… Plus sérieusement, il a su gagner le respect de tout le monde en bossant comme un fou. La chance n'existe pas. Tu la provoques. Rien n'est dû au hasard dans la vie. Il a été d'une régularité exemplaire. Et au-delà des essais qu'il marquait, il était capable de se sacrifier pour l'équipe, pour le groupe. Il a tout de suite été adopté par notre "mafia", cette bande de jeunes loups, formés à l'école toulousaine, insouciants, solidaires, qui transposaient leur folie sur le terrain. C'est sur les bases de cet état d'esprit que nous avons construit nos victoires et nos titres avec le Stade. Capables d'aller piquer la roue de voiture de Yannick Jauzion sur son parking pendant la nuit comme d'aller boire un verre avec un spectateur qui fêtait son anniversaire. Il n'y avait aucun vice chez Vincent, juste la compétition en tête et cette volonté d'avancer tout le temps, de gagner des mètres en avançant, en reculant, en diagonale. Peu importait l'angulation de sa course pourvu qu'il gagne un mètre… Tout ce qu'il faisait, même monter dans les tours, il le faisait avec classe. C'est une fierté d'être pote avec un mec comme lui »*

À Issoire, je joue un bout de match. Mais c'est à Montauban, dans l'antre de Sapiac, que se situe mon véritable premier souvenir avec le maillot rouge et noir. L'occasion m'est donnée par Guy Novès et Philippe Rougé-Thomas de montrer ce dont je suis capable. Il n'y a pas que moi qui suis curieux de savoir, de m'étalonner. Mes coéquipiers aussi. Je suis arrivé de

Grenoble avec un petit statut d'international des moins de 21 ans, marqueur d'essais, bon finisseur. Ils savent ce que je vaux, c'est important. Mais je dois confirmer mon statut.

Je ne suis plus un junior, je suis entré dans le monde des seniors. Et je dois prouver que je suis capable de franchir le cap. Je profite de l'absence des internationaux, Heymans et Jeanjean, qui sont partis en tournée avec le XV de France en Australie, pour gagner une place de titulaire à Montauban. Lorsque je reçois le maillot rouge et noir, je le détaille longuement sous toutes ses coutures. J'admire ce blason qui a conquis et dominé la France et l'Europe. Je joue au côté de Cédric Desbrosse, Émile Ntamack, et je prouve d'entrée que je peux marquer avec les pros. Deux essais, dont le premier inscrit sur une passe de « Garba », je suis aux anges. Dans ma tête, j'ai passé le test avec succès. La saison précédente, j'avais marqué dix fois sous le maillot grenoblois, mais c'était en deuxième division. Parvenir à inscrire deux essais pour mon premier match sous les couleurs toulousaines booste ma confiance. Je peux le faire, en pro aussi. Le finisseur que je suis a besoin d'essais pour évoluer sereinement, à l'image d'un avant-centre au football pour qui marquer des buts aide à construire sa confiance.

L'ouverture du Top 16 est prévue le 31 août 2002, à Perpignan. Je suis titulaire à l'aile. Dans un stade Aimé-Giral toujours chaud bouillant, nous nous inclinons 32-17 contre l'USAP. Mais je marque mon premier essai en Top 16 au retour des vestiaires. Une percée de Michalak, côté gauche, qui m'adresse une longue passe et me décale dans mon couloir gauche. Je tente un cadrage-débordement sur Pascal Bomati, mon vis-à-vis, et au moment où il tend les bras pour me plaquer, je le raffûte du bras droit. Je m'écroule derrière la ligne.

Ce premier essai officiel signifie beaucoup pour moi parce que j'ai envie de prouver beaucoup de choses. On m'avait donné ma chance, c'était mon premier match de championnat avec le Stade Toulousain. Il était donc important de marquer, de démarrer l'histoire toulousaine de cette manière-là. Inscrire un essai était la meilleure façon de montrer que j'étais bien intégré et que je pouvais apporter quelque chose dans un effectif si prestigieux. J'ai ressenti beaucoup de fierté en recevant les félicitations de Xavier Garbajosa, Clément Poitrenaud ou Fred Michalak. Un tel moment validait la prise de risques que représentait mon départ de Grenoble.

J'attends un mois avant de rejouer mon prochain match. À la maison. Le stade Ernest-Wallon est en chantier pour le derby de la Haute-Garonne contre Colomiers, et il sonne un peu creux. Nous nous imposons 12-6. La semaine suivante, je suis remplaçant à Pau. Lorsque Guy Novès m'appelle pour jouer la fin de match, j'ai les crocs. Cinq minutes après avoir foulé la pelouse du Hameau, j'inscris l'essai qui nous offre le match nul (20-20). Je marquerai une troisième fois contre Perpignan. Je suis ravi que l'on me fasse confiance. Je fais tout pour la mériter.

Chapitre 10

Belles histoires de famille

Guy m'a toujours fait confiance. Même si je pense que notre première rencontre ne lui a pas laissé un souvenir impérissable… Je me souviens d'avoir perçu dans son regard une lueur de déception en découvrant mon gabarit, pas très épais, lors de notre première rencontre, à la Brasserie du stade ! En découvrant Toulouse, je découvre également l'entraîneur le plus titré de France, le plus envié certainement aussi. Si je signe au Stade Toulousain, c'est aussi parce qu'il a su être convaincant auprès de mes parents lors notre premier rendez-vous. J'ai su, en écoutant ses paroles qu'avec lui il n'y aurait pas d'embrouille. Il annonçait les choses clairement, telles qu'elles devaient être dites, sans travestir sa pensée. « Tu viens chez nous, Toulouse te veut, mais ensuite c'est à toi de prouver que tu es digne de cette confiance et que tu as le profil pour jouer dans cette équipe », avaient été ses mots. Il me restait à justifier leur choix, au club et à l'entraîneur.

Avec le temps, j'ai ensuite découvert le personnage. Guy est quelqu'un de très à l'écoute, quelqu'un qui cherche à tirer le meilleur de ses joueurs sans vouloir pour autant les changer. Pourtant, il connaît bien ses protégés, il cerne bien leur personnalité. Mais il les accepte tels qu'ils sont. S'ils ont un petit coup de mou, il est derrière eux, à les transcender. S'ils s'égarent, il tente de les ramener sur le droit chemin. Du moment qu'ils font preuve du professionnalisme demandé, il leur accorde sa confiance. Dans le jeu, il a toujours encouragé l'initiative. Son rôle consistait surtout à canaliser nos énergies parce que, parfois, elles étaient débordantes, sur le terrain et en dehors.

Après, c'est vrai, Guy est quelqu'un de stressé. Il est tellement perfectionniste, il veut tellement que les choses soient comme il le souhaite qu'il est toujours sur le qui-vive. Un jour m'a été posée la question suivante par un journaliste : « Si vous étiez Guy Novès ? » J'ai répondu que je serais stressé parce que le rôle de manager, dans un club comme le Stade Toulousain, est difficile. Avec le recul, je vois le travail que ça représente et la remise en question à chaque fois, après chaque match, chaque victoire, chaque défaite, chaque saison. Donc si j'étais Guy Novès, j'essaierais de ne pas être Guy Novès ! C'est trop stressant comme boulot !

TÉMOIGNAGE

Guy Novès, entraîneur au Stade Toulousain et beau-père

« Un fou intelligent »

« Pour moi Vincent est un fou intelligent, assure Guy Novès. *On dit de certains avants qu'ils mettent la tête là où d'autres ne mettraient pas leurs mains. Vincent, lui, sur un terrain, il faisait des choses que les autres ne s'imaginaient*

même pas. Il a certes marqué 101 essais en Top 14, 36 en Coupe d'Europe, il s'est montré un redoutable finisseur en chaque occasion, tout au long de sa carrière, mais l'action que j'ai en tête et qui le caractérise bien, c'est un geste défensif. Celui qu'il a réussi sur le centre écossais de Castres, Max Evans, en demi-finale du Top 14 2011-2012.

À ce moment du match, Toulouse mène 12-9 contre le Castres Olympique, mais se retrouve en infériorité numérique. Evans perce plein champ, semble aller facilement à l'essai. Vincent a deux mètres de retard au départ de l'action, mais il revient sur Evans, le plaque par-derrière, le fait tomber au sol en le retournant sur le dos dans l'en-but. Il bloque le ballon sur la poitrine de l'Écossais, l'empêchant d'aplatir. Un incroyable sauvetage qui nous fait certainement gagner la demie et qui caractérise bien qui il est : un battant, pour qui rien, jamais, n'est perdu. À l'entraînement, il repoussait toujours ses limites parce qu'il ne les connaissait pas. C'est un boulimique de travail, qui se préparait pour être capable de répondre aux attentes. Qu'il se soit ensuite rapproché de ma famille, par le biais de ma fille, Valérie, me fait plaisir. »

Quand nous avons officialisé notre liaison avec Valérie, il a eu cette phrase que j'ai appréciée : « Le rugby, c'est le rugby, la famille, c'est la famille ! » Le message était limpide. Il voulait me faire comprendre que, à ses yeux, les deux étaient dissociés et n'avaient pas à interférer l'un sur l'autre. Le fait qu'il soit devenu mon beau-père m'a donné plus de responsabilités encore, vis-à-vis du groupe et des autres joueurs. J'avais un devoir d'exemplarité. Je ne voulais pas que l'on pense ou que l'on dise qu'il y avait du favoritisme du fait de ma situation.

Alors, inconsciemment, tous les deux, on s'est mis des barrières. Il avait été très paternaliste avec moi lorsque je suis arrivé à Toulouse. Comme il sait l'être avec les joueurs qu'il aime bien. Par exemple, j'avais en mémoire l'affection qu'il portait à Christian Labit. Du coup, je n'osais pas aller trop souvent voir mes beaux-parents, à Pibrac. Et pareil pour lui. Quand il venait chez nous embrasser Valérie – qui reste sa fille ! – il partait dès que j'arrivais. Comme s'il ne voulait pas nous déranger, ni s'immiscer dans notre vie privée. Dans le sport de haut niveau, Il n'est pas facile d'être l'entraîneur de son beau-fils, ni le joueur entraîné par son beau-père. L'ambiguïté de la situation, chacun s'est efforcé de la maîtriser. En respectant le rôle de l'autre. Certainement que je craignais le regard des autres. Nous ne sommes pas parvenus à appliquer son conseil de beau-père : « Le rugby, c'est le rugby, la famille c'est la famille. » On se voyait tous les matins à l'entraînement mais on se fréquentait très peu en dehors. Par pudeur. Par respect.

Lorsque Valérie est tombée enceinte d'Eloïse, elle m'apprend la nouvelle dans les travées du Stade de France, lorsque je pars chercher le trophée que nous venons de gagner avec le Stade contre Biarritz, en finale de la Coupe d'Europe[1]. Huit mois passent et le matin du match contre Castres, le 2 janvier 2011 à Ernest-Wallon, on

1. Le 22 mai 2010, à Saint-Denis, Toulouse bat Biarritz (21-19) et accroche une quatrième étoile européenne sur son maillot.

m'appelle pour me prévenir que Valérie est en train de perdre ses eaux. Je parle à la sage-femme au téléphone, qui m'assure que le travail a commencé mais que le bébé ne devrait pas arriver avant le lendemain. Comme nous avons quelques blessés dans l'effectif, Guy m'a demandé d'être présent ce jour-là. Je suis titulaire. Mais ça m'ennuierait que notre premier enfant arrive sans que je puisse assister à sa naissance. Je suggère à Vincent et Julie, frère et sœur de Valérie, à Françoise, ma belle-mère, de garder leurs portables ouverts, au cas où… Juste après le coup d'envoi de la deuxième mi-temps, Guy est prévenu que sa fille va entrer dans la salle d'accouchement. Nous menons au score, le match est sous contrôle, il demande mon remplacement.

Comme personne n'est au courant, dans l'équipe, mes coéquipiers se demandent pourquoi je quitte le terrain en courant pour m'engouffrer dans le couloir des vestiaires… Le public, lui non plus, ne se doute pas de la raison qui me pousse à quitter le match. Je file en vitesse prendre une douche rapide, et me voilà parti pour la clinique Sarrus. Elle n'est pas très éloignée du stade, juste de l'autre côté du pont Saint-Michel. Quand je rejoins Valérie dans sa chambre, le bébé n'est pas encore sorti du ventre. Comme il n'est plus pressé de nous voir, je regarde la fin de notre match sur la télé de la clinique. Et j'entends Thierry Dusautoir me féliciter en direct sur le petit écran pour le « bel événement ». Des félicitations prématurées, comme le sera Éloïse. Elle naîtra le lendemain matin, avec un mois d'avance sur les prévisions.

La naissance de sa petite-fille fait le bonheur de Guy. Il est quelqu'un de très « famille », très proche de ses enfants. Le fait d'être grand-père – il l'est devenu une deuxième fois depuis la naissance de Victor, en 2016 – le comble de joie. Chez Guy et Françoise, nos enfants sont rois ! Cinq mois après l'épisode du match de Castres, nous partagerons ensemble d'autres instants privilégiés, d'autres émotions dans la folie du Capitole. Nous sommes champions de France en dominant Montpellier (15-10) et les supporters et amoureux du Stade viendront nous rendre un vibrant hommage sur la plus célèbre place toulousaine. Il s'agit de mon premier titre comme joueur du Stade Toulousain puisqu'en 2008 j'avais vécu la finale avec mes béquilles. Je brandis le bouclier de Brennus sur le balcon de la Mairie. Je suis fier du chemin parcouru à son côté. 2011 reste un grand cru pour les familles Clerc et Novès.

Chapitre 11

Une vie en bleu

Je suis attablé en plein air sur la terrasse du Wallace Café, place Saint-Georges, lorsque le téléphone sonne. Je m'écarte un peu de la table que je partage avec ma petite sœur, Margaux, et Antoine, l'ami de toujours de Saint-Égrève. Ils sont venus me rendre visite à Toulouse. Je suis heureux de les retrouver dans ma nouvelle vie. Au bout du fil, une journaliste de *Rugbyrama* m'apprend que je suis pris dans le groupe appelé à préparer les tests de novembre du XV de France. Elle souhaite avoir une réaction de ma part. Je n'en crois pas mes oreilles. Je savais que mon nom avait été avancé par Bernard Laporte. Mais de là à être sélectionné… Quand je raccroche, une dizaine de minutes plus tard, j'apprends immédiatement la nouvelle à Margaux et Antoine. Je suis tout retourné, comme en état de choc. Ma sœur s'amuse de ma réaction. Le scénario est presque irréel.

Tout est allé si vite. En deux mois, j'ai changé de statut. Premier match de championnat le 30 août, à Perpignan ; première titularisation aux Sept-Deniers (l'ancien nom d'Ernest-Wallon) le 21 septembre, contre Colomiers ; premier match de Coupe d'Europe le 12 octobre et là, en ce mercredi 30 octobre ensoleillé de 2002, j'apprends que je suis appelé en équipe de France, dans le groupe pour les test-matches contre l'Afrique du Sud à Marseille, la Nouvelle-Zélande et le Canada au Stade de France.

Comment m'imaginer pareil honneur alors que je n'ai disputé que neuf matches sous le maillot toulousain, sept en Top 16 (deux fois comme remplaçant) et deux en Coupe d'Europe ? Certes, j'ai inscrit cinq essais en sept titularisations, mais de là à voir la vie en bleu… Je profite de la blessure d'Aurélien Rougerie, forfait. Mais une carrière est faite d'opportunités, saisies ou non. L'euphorie que j'ai toujours en moi, et qui parfois me joue des tours parce qu'elle m'entraîne loin, me submerge.

Je parle avec Margaux et Antoine. J'ai besoin de m'épancher. Je tempère la nouvelle en disant que je vais être remplaçant puisque les deux titulaires probables aux ailes seront Christophe Dominici ou David Bory et mon coéquipier Cédric Heymans. Mais même remplaçant, quel bonheur d'être dans le groupe !

J'arrive à Marcoussis l'esprit léger. Nous sommes les précurseurs puisque le CNR, le Centre national de rugby, est flambant neuf. Il vient juste d'être inauguré. Je l'avais déjà visité en juin lorsque j'étais en équipe de France des moins de 21 ans, il était encore en travaux. Cinq mois plus tard, il est devenu un magnifique outil de travail. Nous étrennons les chambres de la résidence. Curiosité ou signe du destin, je suis logé dans la chambre « Toulouse ».

Thomas Castaignède, qui joue alors en Angleterre, aux Saracens, est mon partenaire de chambrée. Je côtoie une idole de plus. Je découvre tout avec émerveillement. Sur le terrain, les séances sont rudes. Mais je m'adapte bien. Je cours partout. Je sue, je plaque, je soulève de la fonte. Je vais pouvoir savourer le jour de repos… Et tout à coup, tchac ! Je ressens soudain une pointe, comme une décharge entre le mollet et le tendon d'Achille. Je signale l'alerte tout de suite et Thierry Hermerel, le médecin du XV de France, m'accompagne passer une échographie. Lorsqu'il sort de la pièce, je demande à l'échographe l'étendue des dégâts, il me répond : « Il y a une petite lésion musculaire en dessous du mollet… » Dans ma tête, je me dis que c'est mort, c'est foutu ! Je le questionne sur les risques, les conséquences, je lui ronge le cerveau. Et en conclusion, je lui demande de minimiser la gravité de ma blessure. Je ne peux pas rater mon premier rendez-vous avec le XV de France, ce n'est pas possible ! Si Bernard Laporte apprend la nature de ma blessure, il me renvoie à Toulouse.

L'échographe rentre dans mon jeu et tempère le diagnostic. Le surlendemain, après la journée de repos, je strappe bien la partie touchée, je me teste. Je serre les dents, ça tient ! Je ne dis rien, même pas à Thomas Castaignède avec qui je partage cette première semaine en bleu, et je termine la semaine de préparation comme si de rien n'était, avant de ranger mon sac, destination Marseille où nous devons affronter les Springboks au stade Vélodrome.

Cet incident résume à lui seul les quinze ans de ma carrière pro. Vivre avec la douleur, appréhender le coup dur, réagir, se relever, s'adapter. Quand j'ai effectué mes premiers entraînements avec le FC Grenoble, le psoas, les ischios, les adducteurs tiraient souvent. Je ne ménageais pas mon corps. Mais je trouvais toujours le moyen d'effacer la douleur. En m'échauffant longtemps, en utilisant des pommades chauffantes. En strappant méticuleusement les parties douloureuses. Ce n'était pas un petit coup de poignard derrière le mollet qui allait m'arrêter.

Lorsque Bernard Laporte dévoile la liste des joueurs titulaires contre les Springboks, et qu'il annonce : « Numéro 14, Vincent Clerc », je suis aux anges. Je vais fêter ma première sélection au stade Vélodrome devant ma famille, mes amis. À, Toulouse, c'est l'effervescence, les deux ailiers du XV de France sont du Stade. Ça n'était plus arrivé depuis 32 ans, lorsque Roger Bourgarel et Jean-Marie Bonal avaient affronté l'Angleterre, en 1970. En un peu plus de deux mois, j'ai tout découvert : le Top 16, la Coupe d'Europe et maintenant l'équipe de France. J'y suis… presque.

À Marseille, le matin du match, Bernard Laporte est de mauvaise humeur. Énervé comme il sait l'être parfois. À l'échauffement, soudain, il ordonne une mêlée, avants contre trois-quarts ! On se regarde, à la fois dubitatifs et un peu inquiets… Derrière, on se fait tordre, bien évidemment. Je me bloque le cou, torticolis ! Je suis dégoûté, mais le kiné me masse comme il faut. La douleur s'estompe. La deuxième alerte est passée. Je jouerai contre les Springboks.

Le match se déroule comme dans un rêve. Il ne peut rien m'arriver. J'ai même tenté un drop ! Qui est passé de peu à côté. Fabien Galthié cherchait Gelez pour le drop. J'étais à côté de notre ouvreur et Fabien s'est trompé dans sa passe. Il m'a donné le ballon... Ni une, ni deux, j'ai claqué le drop des quarante mètres, moi qui n'en avais jamais tenté de ma vie. Sur chaque ballon que je touche, je m'applique. J'avance. Et à la dernière minute, sur un coup de pied à suivre de Garbajosa, qui venait tout juste de remplacer Thomas Castaignède et à qui j'avais fait signe que le dernier rideau sud-africain était dégarni, je marque le dernier essai du match. Les Springboks sont battus 30-10, trois essais à un. Et j'ai inscrit le mien. Mon premier essai au plus haut niveau international. Je jubile !

Après le match, je retrouve mes parents, ma sœur, Margaux, mémé Lily, mes copains de Grenoble. Ils sont tous venus à Marseille et ont assisté au match. Ils sont fiers. Je leur ai offert un joli cadeau avec ce premier essai en bleu. Le bonheur intégral !

Chapitre 12

Face à Lomu

J'ai passé le test avec succès. Ma prestation contre les Springboks a séduit le staff du XV de France, Bernard Laporte, Jacques Brunel et Bernard Viviès. Je suis reconduit pour le deuxième test contre les All Blacks, au Stade de France. Mon histoire devient de plus en plus surréaliste. Je vais affronter Jonah Lomu, le meilleur joueur de rugby de la planète. Moi qui avais déjà joué plein de fois contre lui... à la PlayStation... sur le jeu vidéo *Jonah Lomu Rugby*. Avec Antoine Bernard ou Johann Authier, on défiait la star des All Blacks ! Et c'est ce que je répondais aux journalistes avant d'affronter la Nouvelle-Zélande ! Oui, j'avais déjà joué contre le meilleur joueur du monde.

Virtuellement. Mais là, c'était physiquement que je devais le défier. Comme si j'avais besoin qu'on en rajoute une couche, un journaliste était venu me dire que je rendais 22 centimètres, 34 kilos et accessoirement 60 sélections à l'ailier All Black ! Que j'étais David défiant Goliath. Rien que ça.

C'est fou la vie. Pour ma deuxième sélection en équipe de France, je suis opposé au joueur le plus admiré et le plus craint sur les terrains de rugby. Je me motive en me disant que je n'ai rien à perdre. Je demande conseil à ceux qui l'ont déjà affronté, Garba (Garbajosa), Émile (Ntamack). Émile me donne des tuyaux sur son jeu. Contrairement à tout ce que l'on dit, Lomu n'est pas un rentre-dedans. C'est un joueur d'évitement qui, en raison de sa grande vitesse, cherche le contournement pour déborder les défenses adverses. Ce qui ressort de leurs conseils, c'est qu'il faut limiter son champ d'action pour éviter qu'il ne prenne de la vitesse. Il faut donc l'empêcher de se lancer.

Pas de stress, Vincent ! Il a écrasé la moitié de la planète rugby, OK, et alors, qu'est-ce que je risque ? De me faire écraser à mon tour ? Ce sera mon défi : qu'il ne m'écrase pas ! En pénétrant sur la pelouse du Stade de France, je suis impressionné. Par la foule. Par *La Marseillaise* ensuite, reprise en chœur par quatre-vingt mille spectateurs. Elle me file la chair de poule. Par le terrible *haka* exécuté par les All Blacks, que je trouve particulièrement bien synchronisé, dans un silence de cathédrale. Et puis par Jonah Lomu qui me paraît être encore plus grand et costaud que ce que je m'imaginais. Il est plus monstrueux en vrai qu'à la télé... Voilà qui promet !

On joue depuis deux minutes à peine au Stade de France, en ce 16 novembre et, sur un long dégagement d'Andrew Mehrtens, je récupère le ballon en couverture dans mes vingt-deux mètres. Je n'ai pas le temps de dégager au pied alors je tente le cadrage-débordement sur Lomu monté à grandes enjambées. Pour le tester... Il m'attrape au moment où je cherche à me débarrasser du ballon avec mon pied gauche. Il me met une de ces cartouches ! Je vole, j'explose en touche. Quand je me relève, je croise le regard noir de mon rival. J'ai manqué me faire écraser à mon tour ! La suite me sera plus favorable. Très attentif, je ne laisse pas mon vis-à-vis déborder une seule fois. Je livre un grand match en défense, réussissant notamment un premier plaquage aux chevilles qui propulse Lomu en touche lorsqu'il vient me défier pour la première fois de la soirée. J'ai mis tout mon cœur pour l'arrêter et il a bougé de dix centimètres à peine. C'est vraiment un mec à part. Je touche quelques ballons en attaque et je tente un nouveau cadrage-débordement sur Lomu. Cette fois, je le réussis… Le public du Stade de France exulte, mais M. Young, l'arbitre australien de la rencontre, siffle une faute de l'autre côté du terrain.

En deuxième mi-temps, je parviens à lui piquer un ballon dans les bras avant de partir en contre. J'ai réussi mon face-à-face au-delà de mes espérances les plus folles. Nous faisons match nul (20-20), le premier score de parité dans l'histoire des France – Nouvelle-Zélande. Nous aurions même pu l'emporter si l'essai de Nicolas Brusque (66e) avait pu être transformé par François Gelez. Au moment de frapper le ballon, le vent l'a fait tomber, annulant la tentative de transformation. Un coup du sort défavorable qui nous prive de la victoire .

À la fin de la rencontre, je suis allé voir Jonah pour lui demander d'échanger nos maillots. Il a refusé, prétextant qu'il le gardait pour son fils. Je n'ai pas le maillot de Lomu dans ma collection... Tant pis, je garde malgré tout un souvenir fabuleux de ce match.

La tournée d'automne s'achève par un test contre le Canada, gagné facilement à Saint-Denis. J'inscris mon premier doublé sous le maillot bleu. Je ne peux qu'être satisfait de mes débuts internationaux avec le XV de France : trois matches joués, deux victoires, un nul, pour trois essais marqués.

Je bascule très vite vers la suite de la saison, et mon retour au Stade Toulousain. Ce n'est pas parce que j'ai joué en équipe de France que je suis assuré de retrouver une place de titulaire à Toulouse, où la concurrence est rude. Or ça reste mon premier objectif, faire ma place dans l'équipe du Stade. Quand je rentre à Toulouse, je suis félicité par tout le monde. Avec un bémol... Guy vient me voir et me dit : « Ton casque, là, le rouge et bleu, il va falloir changer de couleurs. Maintenant tu joues à Toulouse. Tu vas porter les couleurs du Stade Toulousain et en prendre un rouge et noir... »

J'avais conservé sur la tête les couleurs de Grenoble pour bien montrer à ceux qui n'avaient pas compris ma démarche de rejoindre si jeune le Stade Toulousain, mon attachement à mon club formateur. Peut-être un peu de culpabilité aussi d'avoir quitté si vite le FCG. Après la réflexion de Guy, j'ai changé la couleur de mon casque. Je venais de couper le cordon. J'étais désormais un joueur toulousain à part entière. Mais sans renier mes origines ni mon passé.

L'histoire du casque prendra fin un peu plus tard, lors du Tournoi 2004. Je le portais suite à mon accident à l'oreille survenu à Bourgoin lorsque je jouais avec les juniors Reichel. Je pensais le garder comme une protection, le temps de la cicatrisation de mon oreille avant de l'abandonner. Mais je l'ai gardé. Par précaution. Quelque part, il me rassurait, en même temps qu'il rassurait ma mère. Je me souviens que Pierre Salviac, qui commentait alors les matches du XV de France sur France Télévisions, m'avait conseillé de l'enlever. Pour mon image, celle que je renvoyais au public... Le matin du match contre l'Ecosse, je décide que je ne prendrai pas mon casque. Je suis remplaçant. Si je dois entrer en jeu, je ne le mettrai pas. Je n'ai pas joué, mais je n'ai jamais plus remis mon casque...

Chapitre 13

Parfums d'Europe

Je n'ai jamais calculé. Les choses sont toujours arrivées dans ma vie comme elles le devaient. En choisissant Toulouse, je savais que je rejoignais un centre d'excellence. Où l'émulation et la compétition étaient portées à leur paroxysme. Toulouse était ce qui se faisait de mieux en France, voire en Europe. Je savourais chaque moment. Je travaillais d'arrache-pied parce que je savais que rien ne me serait donné. La concurrence est tellement rude dans ce club que tu n'es jamais assuré de conserver ton poste.

Débarqué place du Capitole avec une toute petite carte de visite, il fallait que je prouve, que je démontre que ma venue à Toulouse n'était ni un hasard ni un caprice de gamin.

À Grenoble, j'avais donné le maximum pour aider le FCG à retrouver l'élite. À Toulouse, je devais donner un peu plus encore pour aider le Stade à se maintenir au plus haut niveau, en France comme en Europe.

Pour y parvenir, je sais qu'il faut que je travaille au quotidien pour améliorer ma technique, mon sens tactique ou la continuité dans le jeu. Je suis concentré, j'écoute tous les conseils que ne manquent pas de me donner les entraîneurs ou mes coéquipiers plus expérimentés, les Ntamack, Garbajosa, Delaigue ou Desbrosse. Tout va tellement vite que je n'ai pas le temps de gamberger. Titulaire dès la première journée de Top 16, à Perpignan, récompensé d'un essai après 47 minutes jouées en championnat de France, je totalise cinq matches, dont trois comme titulaire, et deux essais inscrits à mon palmarès de débutant lorsque se profile la première journée de Coupe d'Europe.

Toulouse reçoit les London Irish et je suis titularisé à l'aile droite, face à un sacré client, l'international anglais Paul Sackey. Je suis tout excité à l'idée de recevoir mon baptême du feu européen face au club des Irlandais de Londres. Un fait me rassure : ma petite expérience internationale en équipe de France des moins de 21 ans m'a déjà fait croiser à trois reprises la route des Irlandais. Chaque fois avec succès.

Ce fut d'abord ce stage à Dublin où je fis mes premiers pas internationaux face à l'Irlande, avec deux essais à la clé. Puis vint la finale du Tournoi des Six Nations, chez moi à Vizille. J'inscrivis encore un essai au cours d'un match gagné sur le fil (22-21), avec en prime un grand chelem. Ce fut enfin le match pour la cinquième place de la Coupe du monde à l'Ellis Park de Johannesburg, où je trompai une nouvelle fois la défense irlandaise. Le bilan est largement positif à l'heure de retrouver les Irish à Ernest-Wallon.

Avant la rencontre, Philippe Rougé-Thomas, l'entraîneur des trois-quarts, nous a fait travailler le jeu au pied car il a décelé une faiblesse derrière le premier rideau défensif londonien, qui monte très vite et laisse des opportunités. La vidéo a fait son apparition dans l'univers du joueur professionnel et elle est largement exploitée par les techniciens et entraîneurs.

Elle est devenue un outil de travail indispensable dans le quotidien des clubs.

On joue depuis une petite heure et les Londoniens nous font des misères. Pelous, Gérard et Labit ont chargé. Ils ont dû quitter la pelouse, victimes du *fighting spirit* cher aux Irlandais. Je découvre un autre univers. Impitoyable. D'une intensité bien supérieure à toutes celles vécues jusqu'ici. Je m'adapte. Sur un ballon d'attaque, je tape à suivre par-dessus Sackey. À la course, je devance l'arrière, Horak, pour inscrire l'essai qui nous donne l'avantage au score pour la première fois de la partie (21-15). Quelques minutes plus tard, sur un nouveau coup de pied à suivre de Jean-Ba Élissalde dans une zone désertée, je signe le doublé. Quand ça veut rigoler ! Ma première sortie européenne est un franc succès. Outre le doublé, j'empêche Sackey de faire parler sa pointe de vitesse. Nous gagnons 28-23 et le lendemain, j'ai droit à ma première photo dans les pages de *L'Équipe*.

Comme ça s'est vérifié à chaque étape de ma carrière, j'ai su saisir ma chance. La Coupe d'Europe me porte chance. Je joue les six matches de la phase de poule et je marque six fois. Mon efficacité me permet d'avoir la confiance du staff. Je suis titulaire pour les phases finales, contre Northampton (32-16) et le Munster (13-12) au Stadium. Toulouse se qualifie pour la finale, prévue dans le vieux stade aux tribunes en bois de Lansdowne Road à Dublin.

Ma première finale chez les pros sera franco-française, puisque notre adversaire est l'équipe catalane de l'USAP. Tandis que nous venions à bout du Munster chez nous en demies, Perpignan a créé la sensation en allant s'imposer au Leinster, privant la province dublinoise d'une finale *at home*. Ce sera la première finale européenne à cent pour cent française de l'histoire de la Coupe d'Europe.

Au fil des mois, l'Irlande est devenue pour moi un rival accueillant, mon trèfle à quatre feuilles... Mes expériences irlandaises sont généralement couronnées de succès. Et Perpignan est un adversaire qui me réussit plutôt bien. C'est en terre catalane que j'ai débloqué mon compteur professionnel : première titularisation et premier essai à Aimé-Giral le 30 août.

Lors du match retour, à Toulouse, j'ai rajouté un troisième essai à mon total personnel. Les indicateurs sont tous au vert. Ils le resteront en ce 24 mai 2003 frais et ensoleillé sur Dublin. Nous maîtrisons parfaitement la première mi-temps. Yann Delaigue punit les fautes catalanes et sur un déboulé de Yannick Jauzion, je m'arrache sur mon aile pour aller parachever son travail de sape : 19-0 à la mi-temps. Malgré le baroud d'honneur des Catalans, nous l'emportons 22-17. Toulouse rajoute une deuxième étoile européenne à son immense palmarès. Moi, c'est la première mais elle brille d'un vif éclat, très particulier. Un an auparavant, je jouais contre Marmande, Tyrosse, Auch, Tarbes… La folie se poursuit. Je suis venu au Stade Toulousain pour gagner des titres et j'en décroche un prestigieux après neuf mois à peine. Je suis champion d'Europe ! Et accessoirement meilleur marqueur de la compétition avec sept essais inscrits, à égalité avec l'arrière gallois des Scarlets de Llanelli, Garan Evans. Les parfums d'Europe sont envoûtants. Ils m'enivreront encore quelques fois.

Chapitre 14

La naissance de « Chicken »

Mes premières sélections en Bleu ont changé mon statut dans l'équipe toulousaine. En même temps qu'elles ont changé le regard de mes coéquipiers. C'est une époque où chaque joueur du Stade qui rejoint le XV de France est en capacité de piquer la place d'un des internationaux restés à Toulouse. Si je prends l'exemple de mon poste d'ailier, il y a « Garba » (Xavier Garbajosa), « Nino » (Nicolas Jeanjean), « Chico » (Cédric Heymans) et moi, qui pouvons jouer sur les ailes du Stade Toulousain et du XV de France ! Et je ne parle même pas de Michel Marfaing ni d'Émile (Ntamack), qui a pris sa retraite internationale mais a toujours le niveau pour jouer au plus haut niveau.

TÉMOIGNAGE

Émile Ntamak, coéquipier au Stade Toulousain

« Une machine à marquer »

« Quand on a vu débarquer Vincent, avec son casque bleu et rouge sur la tête, il me renvoyait l'image d'un "petit oiseau effrayé", s'amuse Émile Ntamack. *Personne ne le connaissait. On nous avait dit qu'il avait joué à 7... C'est à peu près tout. Il était dans son coin, il ne disait rien. On verrait bien à l'entraînement... Il a fait du bruit dès ses premières sorties. En amical, puis à Perpignan, pour le premier match de la saison, il marque après un "cad-deb" d'école. Au fil des entraînements, des matches, on découvre un garçon efficace, décisif. Il se débrouillait toujours pour créer du danger. Il n'était pas du genre contre-attaquant mais tout simplement finisseur. Un vrai de vrai. Je me souviens d'un essai en Coupe d'Europe, à Newport. Il hérite d'un ballon à 10-15 m de la ligne, il baisse la tête, fonce et plonge dans l'en-but avec trois défenseurs gallois sur le dos. Il s'est relevé, a remis en*

place son casque, et est parti se replacer comme si de rien n'était. Il n'était pas dans la tradition stadiste. L'esthétique, ce n'était pas son truc, il ne cherchait pas à en rajouter dans sa gestuelle. Lui, c'était une machine à marquer, froidement. Efficace. Il me faisait penser un peu à « PSA », Philippe Saint-André, dans cette hargne de viser la ligne adverse et de la rallier par n'importe quel moyen. Il était en tout cas le seul dans ce genre au Stade Toulousain. Ce qui m'a plu, c'est que, quand il est arrivé, il n'a rien revendiqué. Jamais. Il s'est fait tout seul, à la force de ses poignets. Et avec une gentillesse rare. Pas facile quand tu es une pièce rapportée dans un groupe qui vit ensemble depuis longtemps. À Toulouse, on ne lui a pas fait de cadeau, personne ne lui a fait une place privilégiée. Il me fait penser à Pipo Inzaghi, l'ancien avant-centre de l'AC Milan et de l'Italie. Pas le plus doué, pas le plus technique, mais un redoutable buteur et finisseur. Vincent, ce n'est ni « Garba », ni Thomas Castaignède, ni moi. Lui, c'est autre chose, quelqu'un d'autre. Et c'est beau d'être juste soi-même, à nul autre pareil. »

En retrouvant mon petit studio face au stade Ernest-Wallon, je sais que je viens de vivre un automne surréaliste. Mais je sais aussi qu'au Stade je peux très bien devenir remplaçant du jour au lendemain. J'ai en tête la problématique. Elle m'incite à travailler encore plus, à redoubler mes efforts pour mériter ce qui m'arrive. Sur les terrains, je deviens « Chicken », le surnom donné par quelques anciens. Avec mon style déroutant, fait de courses rectilignes puis de changements de direction soudains, je perturbe un peu la perception du rôle des soutiens, qui ne savent plus comment se positionner derrière moi. Garbajosa se moque de moi en disant que je cours comme « un poulet sans tête ». Va pour « Chicken ». D'autres me surnommeront « Vince ».

En dehors du rugby, je commence à trouver mes marques. « Bobol », Grégory Lamboley si vous préférez, me sert toujours de guide. Je le suis dans ses tournées « au centre-ville » quand, le rugby terminé, il s'agit d'aller vivre sa vie de jeune homme. Je suis adoubé par ceux de mon âge, les Michalak, Jeanjean, Élissalde…

et « Clem ». Avec Clément Poitrenaud, nous devenons vite amis.

Partenaires de jeux. De soirées que l'on passe souvent au Diagonal, place des Carmes, un petit resto qui fait aussi boîte de nuit en sous-sol. Et nous devenons aussi compagnons de facéties parce que cette jeunesse, si elle travaille beaucoup, n'hésite pas à s'amuser...

Je suis trop fier quand le club me donne les clés de ma première voiture, une Peugeot 206 rouge, neuve, qui avait été celle d'Arnaud Dumas. Je deviens indépendant, je peux aller à Grenoble quand je veux. Je me souviens de la première fois où je suis arrivé à Saint-Égrève, avec mes cheveux décolorés et ma Peugeot... J'en prends soin parce que je sais qu'avec certains de mes coéquipiers, tout peut arriver ! Un jour, Christophe, le kiné du club a repris son scooter après l'entraînement. En démarrant, il s'est cassé la figure. Sa roue avait été attachée sans qu'il s'en rende compte...

Une autre fois, c'est la voiture de Fred Michalak qui s'est retrouvée sans roues, sur cales... Pas pratique pour rentrer à la maison ou quitter l'entraînement... Il se vengeait vite. Un jour, Yannick Bru a compris sa douleur lorsque « Garba » a enduit l'intérieur de son casque scooter avec de la pommade Warm, un onguent chauffant ! Yannick ne s'en est pas rendu compte et il est parti comme çà. Sur le périf', ça lui chauffait tellement la tête qu'il a dû s'arrêter, et enlever le casque. Il avait pris un coup de chaud !

Il fallait bien que mon tour arrive. J'ai retrouvé ma superbe 206 transformée... en gâteau d'anniversaire ! Des œufs, de l'huile, de la chantilly partout. Et de la farine, beaucoup de farine. Je ne vous dis pas la tête de ma pauvre voiture. Ils l'ont mise dans un tel état que je crois qu'on n'a pas pu la rattraper. Il a fallu aller expliquer le nouveau concept de la « voiture-gâteau d'anniversaire » que l'on venait d'inventer à la concession Peugeot. Le summum c'est le jour où Fred a voulu se venger de « Garba ». Il est allé murer la porte de sa maison. Sauf qu'il s'est trompé de numéro de domicile et il a condamné celle du voisin... Ça allait un peu loin parfois.

Fred est arrivé en retard à l'entraînement après ses travaux de maçonnerie… Je ne vous dis pas sa tête quand « Garba » est venu lui dire qu'il s'était trompé de porte d'entrée…

En dehors de ça, on était sérieux. On vivait, on parlait, on mangeait, on dormait rugby. Une vraie bande de potes. Ça se retrouvait sur le terrain. Les jours de déplacements, c'était du grand n'importe quoi. Je me rappelle que le jeu était de descendre le plus vite possible du bus, de rafler les clés des chambres préparées par l'hôtelier et laissées sur le comptoir. On montait dans les chambres des copains pris pour cible, on mettait les lits en cathédrale ou la pièce sens dessus dessous et on redescendait quatre à quatre pour remettre les clés sur le comptoir de la réception. Comme si de rien n'était.

Les jours de bizutage n'étaient pas tristes non plus. Au stage d'Issoire, je finis la tête rasée après que les coiffeurs aient dessiné un damier sur mon crâne. Au cours de l'un de mes premiers déplacements en championnat, je partage la chambre d'hôtel avec « Bobol ». On s'installe, on descend dîner. Nous sommes couchés depuis peu lorsque je vois soudain Greg bondir du lit, tirer le meuble bureau pour le coincer derrière la porte, qu'il barricade avec tout ce qu'il peut. Je le prends pour un fou et lui demande : « Mais qu'est-ce que tu fous ? C'est l'heure de dormir… » Il me répond assez énigmatiquement : « On va être attaqués, t'inquiète… » Vers 3 heures du matin, grand fracas derrière notre porte. Fred et Clem essayent de rentrer dans notre chambre pour nous asperger avec des poches d'eau. Ils n'ont pas trop réussi. Et Greg m'avoue enfin : « J'avais oublié que c'était ton premier voyage avec nous et que tu allais avoir droit au bizutage ! » Ce jeu a perduré. Il s'est même sophistiqué. On était capables de programmer le réveil en pleine nuit pour mener une action commando. Je me méfiais terriblement de « Garba », surtout lorsque je buvais le café… Je regardais toujours autour de moi pour voir d'où allait venir l'attaque, du style une claque sur la tête qui vous renverse le café sur les chaussures.

TÉMOIGNAGE
Clément Poitrenaud,
coéquipier au Stade Toulousain

« On a découvert ses spéciales »

« Vincent est arrivé à Toulouse, c'était une curiosité, se marre Clément Poitrenaud. *Surtout ses fringues... Nous, on gagnait notre vie depuis un an et on se sapait comme des milords. Lui... On n'avait jamais entendu parler de Vincent le joueur. Alors on est allé sur Internet et on est tombés sur une séquence de France 2, extraite de Rencontres à XV. On y voyait Vincent marquer trois essais aux Écossais avec les moins de 21 ans. Il était plein d'énergie, courait partout, se dépensait à trois cents pour cent. Et puis on découvrait ses "spéciales", le coup de pied rasant pour lui-même, et le raffut en pleine tête avec son bras droit. On s'est vite rendu compte qu'il n'avait pas son pareil pour finir les coups, marquer des essais. Alors on l'a aidé. À l'époque, on avait du temps pour faire des conneries. Et il n'y avait pas les réseaux sociaux pour surveiller tout*

ce que l'on faisait... On a tellement de souvenirs ensemble... Je garde en mémoire son essai de Croke Park, en 2007. Mais aussi l'émotion qui nous a étreints, avant la finale de Coupe d'Europe 2008 contre le Munster, à Cardiff. On avait demandé à être dans le bus malgré le fait que nous ne jouions pas. Vincent venait de se faire les croisés et se déplaçait avec les béquilles. Moi, je m'étais cassé la jambe. En arrivant au Millennium, nous n'arrivions pas à descendre du car tellement nous étions paralysés par le stress. Je pense que ça avait eu une influence néfaste sur la préparation du groupe, qui partageait notre détresse. Au coup de sifflet final, Vincent et moi, on pleurait comme des gamins. Quelques semaines plus tard, avant la finale du Top 14, Toulouse-Clermont, Guy nous a demandé de ne pas monter dans le bus des joueurs et de nous rendre au Stade de France par nos propres moyens. »

Curieusement, Guy n'intervenait jamais pour faire cesser ces bêtises. Il était assez paternaliste et regardait d'un œil amusé cette bande de gamins délirer. Du moment qu'on donnait sur le terrain ce qu'il attendait de nous, il nous laissait tranquille. En revanche, dès que ça empiétait sur le sportif...

Chapitre 15

Paris 7, le pied !

Bernard Laporte ne me sélectionne pas pour la tournée en Afrique du Sud. Les Barbarians me demandent de partir avec eux en Afrique du Sud où ils doivent jouer contre la Western Province à Stellenbosch. Mais la saison a été longue et j'éprouve le besoin de souffler. Je me ressens d'une élongation à une cuisse et puis avec Valérie, nous avons décidé de partir en vacances en Corse. Ce sont nos premières vacances depuis que nous sommes ensemble et je n'ai pas envie de les rater. Je décline l'invitation des Barbarians.

Avec Toulouse, la saison 2004-2005 s'est achevée le 3 juin à Bordeaux, où le Stade Français nous a éliminés en demi-finale du Top 16. Le match se joue sur une cuillère réussie par le demi de mêlée parisien Jérôme Fillol qui touche le pied de Florian Fritz filant à l'essai en toute fin de rencontre. Fritz tombe à quinze mètres de la ligne alors qu'il n'y a plus de défenseur devant lui. Il n'a pas le temps de se relever pour terminer sa course dans l'en-but parisien... Le Stade Français se qualifie pour la finale (23-18). Je n'ai joué qu'une poignée de minutes sur la fin, justement à cause de ma douleur musculaire.

J'ai l'esprit déjà tourné vers la Corse lorsque le téléphone sonne, c'est Thierry Janeczek qui m'appelle pour me demander de venir lui donner un coup de main et disputer le Tournoi à 7 de Paris le week-end qui suit. J'ai joué à 7 en UNSS à Grenoble. C'est une discipline qui me plaît bien parce qu'il y a des espaces, des courses, de l'engagement. Le jeu y est vivant. J'accepte à la seule condition que je sois libéré le samedi soir, au terme de la deuxième et dernière journée, pour rejoindre Valérie qui m'attend à Toulouse avec les valises prêtes pour prendre l'avion, destination la Corse. Il accepte.

J'arrive à Paris et je retrouve des joueurs avec qui j'ai déjà eu l'occasion de jouer. Il y a là Nicolas Carmona, avec qui j'ai vécu la belle saison de Grenoble en division 2. Julien Malzieu, Rida Jahouer ou encore Renaud Dulin, le frère de Brice. C'est lui, le capitaine de l'équipe[1]. Je m'entraîne très peu avec le groupe que j'ai rejoint tardivement. Et on me donne du temps de jeu, progressivement, pour que je m'adapte. La première journée se passe bien. Après avoir battu la Russie, nous nous laissons surprendre par l'Australie (19-14) mais cet accident de parcours reste sans conséquence puisque, en battant l'Argentine (26-12), nous terminons premiers de notre poule et nous nous qualifions pour les quarts de finale. Au

1. Le groupe qui participa à la victoire de l'équipe de France 7 à Paris était constitué par Vincent Deniau (Clermont-Ferrand-1), Julien Patey (Toulouse-2), Julien Carraud (Dax-3), **Vincent Clerc (Toulouse-4)**, Julien Malzieu (Clermont-Ferrand-5), Johan Dalla Riva (Brive-6), Rida Jahouer (Pau-7), Sylvain Jonnet (Narbonne-8), Nicolas Carmona (Grenoble-9), Renaud Dulin (Bordeaux-10, Capitaine), Laurent Ferrères (Narbonne-11), Patrick Bosque (Tarbes-12). Les entraîneurs étaient Thierry Janeczek et Sébastien Dupoux.

fil des matches, je sens les bonnes sensations, les automatismes du 7 me revenir. Le samedi, nous démarrons la journée par une belle et large victoire sur les Sud-Africains (27-10), qui viennent de remporter le Tournoi de Londres. Les Blacks nous attendent en demies. Ils ont perdu Joe Rokocoko, blessé la veille. Mais leur équipe est une véritable machine, que nous enrayons au terme d'un match exemplaire de courage (14-10). Je suis titulaire. Je prends le temps de jeu que l'on me donne, sans rien demander parce que je sais combien ce groupe, peu reconnu alors au sein de la FFR, et peu connu du grand public, en a bavé pour arriver là où il est. C'est leur aventure et je n'ai pas envie de la parasiter.

Nous voilà en finale face aux artistes du 7, les Fidjiens. Le stade Jean-Bouin est copieusement garni à l'heure d'affronter Waisale Serevi et sa troupe de funambules. Renaud Dulin est blessé, il doit laisser le brassard à Julien Carraud. La finale démarre plutôt bien pour nous avant que Serevi, de ses crochets dévastateurs et ses changements d'appuis, ne nous donne la leçon.

À 37 ans, il est aussi vif qu'un junior. Ses appuis courts nous plantent sur place. Il marque trois fois et les Fidji passent devant nous au score à la mi-temps (19-14). On continue à y croire. On ne veut rien lâcher. Il reste deux minutes à peine à jouer quand Nicolas Carmona, à la fidjienne, envoie une passe aveugle au Tarbais Patrick Bosque qui file entre les poteaux. 28-19. Il nous reste à défendre cet avantage. Je plaque deux Fidjiens en suivant sur la même action. On récupère le ballon. C'est fini ! La France remporte le premier tournoi majeur à 7 de son histoire. Thierry Janeczek a du mal à contenir son émotion. On salue le public, main dans la main. Une belle communion. Rida Jahouer nous fait une démonstration de hip-hop sur la pelouse. Jean-Bouin exulte. Les dirigeants de la FFR nous demandent alors de nous rendre au Stade de France pour effectuer un tour d'honneur avant la finale du Top 14, qui doit opposer en soirée le Stade Français au Biarritz Olympique. Je décline l'invitation. Je savoure un moment le parfum de ce succès aussi historique qu'inattendu. Je me douche, range mon sac et je prends le taxi pour Orly. Je ne veux surtout pas rater mon avion pour Toulouse…

Le samedi soir, le téléphone sonne une nouvelle fois. C'est Jo Maso, le manager du XV de France. Il m'explique que Christophe Dominici s'est fait mal au cours de la finale du championnat, la veille au soir. Il est forfait pour la tournée. Je ferme les yeux. Je devrais être content mais je pense à Valérie. Elle attendait nos vacances avec une telle impatience ! Moi aussi. Les vacances nous attendent sur l'Île de Beauté… Peine perdue. La Corse attendra. Il m'est impossible de refuser une sélection avec le XV de France. On défait les bagages en silence, je prépare mon sac de sport, je rejoins Marcoussis avant de m'envoler pour l'Afrique du Sud avec le XV de France. Je jouerai un seul match, le test perdu contre les Springboks à Port-Elizabeth (27-13), où un certain Bryan Habana nous fera quelques misères…

Chapitre 16

« Dessine-moi une maison »

J'ai toujours aimé les enfants. Peut-être parce que, plus petit, j'ai eu la chance de fréquenter les amis de mon père, des adultes qui s'intéressaient au gamin que j'étais et jouaient avec moi. La relation adultes-enfants est une source de partage unique. Quand je vois des enfants qui attendent les fins d'entraînement ou de match pour quémander un autographe, un selfie, une photo, je joue le jeu. Parce que je me souviens de quand j'étais gamin et que je patientais derrière une main courante en attendant que les joueurs passent devant moi. Donner un peu de temps, une poignée de main ou un sourire ne coûte pas grand-chose. Mais ces gestes peuvent faire tellement de bien, procurer un tel plaisir.

C'est pourquoi je me suis engagé au côté de l'association « Dessine-moi une maison » qui vient en aide à des familles dont les enfants sont hospitalisés sur des périodes plus ou moins longues. Son Président est un Toulousain, Michel Réglat. C'est lui qui m'a contacté un jour de 2005 à Ernest-Wallon. Il cherchait des joueurs pour venir passer un moment avec des enfants hospitalisés et leurs parents, logés dans la première Maison des parents, fondation Ronald McDonald, et située face à l'hôpital des enfants. Ces maisons permettent aux familles ou aux proches d'enfants hospitalisés de se loger tout près de leur progéniture. Michel m'a expliqué les actions de son association, ce qu'il attendait de moi. Le lendemain, je l'ai rappelé, je lui ai dit : « OK je viens ! » Depuis mon arrivée à Toulouse, je songeais à me lancer dans une activité de ce genre, caritative, associative. Ça tombait bien.

TÉMOIGNAGE
Michel Réglat, directeur de l'association "Dessine-moi une maison"

« Vincent, c'est "Monsieur Plus" »

Il donne toujours plus que ce qu'on lui demande. Un jour, à l'occasion de l'arbre de Noël de l'association, il est venu avec deux coéquipiers du Stade Toulousain. Il est resté une heure avec les enfants, les parents, discutant avec tout le monde. Au bout d'une heure, je lui dis : "C'est super, maintenant si vous voulez y aller, c'est bon, vous pouvez partir." Il m'a regardé et m'a dit : "Non, Michel, il y a des gosses qui n'ont pas pu venir à la fête de l'arbre. On va aller leur rendre visite dans leurs chambres, à l'hôpital". Et il est reparti pendant une heure promener son sourire dans les couloirs de l'hôpital ! Un jour, à l'hôpital Gustave-Roussy de Villejuif, le Professeur Lemerle, aujourd'hui hélas disparu, m'a dit la chose suivante : "Ces enfants, ce dont ils ont besoin, c'est d'énergie. Quand un sportif leur rend visite pour leur parler de son sport, ils ne sont plus les mêmes. Imaginez ce qui peut se passer dans leur tête ? Et nous, quand ils prennent cette énergie quelque part, ça nous évite de leur prescrire des drogues pour les soigner..." Imaginez un gamin hospitalisé qui voit débarquer dans sa chambre Vincent avec Clément Poitrenaud, Cédric Heymans ou un autre... »

Je donne de mon temps dès que je peux à l'association : à l'occasion le soir du loto, de l'arbre de Noël et du barbecue d'été. J'aime beaucoup passer du temps avec les enfants. Et puis, un gamin malade, il ne te fait jamais sentir qu'il l'est. C'est toi qui, parfois, peux te sentir mal à l'aise. Jamais l'enfant... J'étais déjà sensibilisé au problème. Encore plus maintenant que je suis devenu papa. Un problème peut arriver à tout le monde. Durant l'été 2017, Victor, notre petit garçon, est tombé malade. Quand Valérie, qui est médecin, m'a appelé pour me prévenir, j'étais en déplacement avec Toulon. Le week-end suivant, je devais partir avec le RCT à Paris pour y affronter le Stade Français. J'explique la situation et je reste à Toulon. Avec Valérie, nous consultons tous les spécialistes possibles. Qui ont fini par trouver que Victor souffrait d'une infection cervicale. On lui a posé un corset qu'il a dû garder trois mois. Tout est bien qui finit bien, mais nous avons vécu quelques heures très pénibles.

Chapitre 17

Les genoux de Clerc

Depuis mon passage en pro, j'ai été épargné par les blessures. Pourtant on ne peut pas dire que j'ai ménagé mon corps. Je lui ai demandé le maximum pour assouvir ma passion, ma soif de jeu, mon appétit de rugby. La saison 2006-2007 a été longue, difficile, exigeante. J'ai participé à ma première Coupe du monde, en France, suivi les stages de préparation des Bleus et disputé au total quarante et un matches officiels sur l'ensemble de la saison. Lorsque démarre la saison 2007-2008, je dois composer avec des petits bobos. Mais j'ai tellement habitué mon corps à vivre avec la douleur que les témoins d'alerte peuvent s'allumer, je ne les vois pas forcément. Bien strappés, une cuisse douloureuse ou un genou abîmé peuvent encaisser quatre-vingts minutes sans trop grimacer.

En ce 19 avril 2008, le Stade Toulousain reçoit Clermont au Stadium. Le public s'est déplacé nombreux pour assister au match phare de la dix-huitième journée de Top 14. Clermont compte un point d'avance sur nous au classement et nous avons l'occasion de passer en tête en cas de victoire. La rivalité Toulouse-Clermont fait partie depuis longtemps des temps forts de notre championnat. Au même titre que le *Clasico* depuis le retour du Stade Français en première division.

Nous abordons le match avec confiance mais dès la quatrième minute, Clermont prend l'avantage. Un coup de pied à suivre de Morgan Parra me met en difficulté. Aurélien Rougerie se saisit du ballon du bout des doigts et, tel un funambule, plonge inscrire le premier essai du match. Nous faisons le forcing pour recoller au score. On sent que ce sera un après-midi difficile. La réussite n'est pas avec nous. Mais le trait de caractère toulousain est de ne rien lâcher. Jamais. Je reçois un bon ballon sur l'aile gauche. Je vois la défense clermontoise un peu en retard. Je fais mine de partir sur l'aile avant de repiquer vers le centre pour surprendre Aurélien (Rougerie). Mon genou se dérobe. Je m'effondre sur la pelouse du Stadium en me tenant le genou gauche. J'ai lâché instinctivement le ballon, récupéré au pied par Rougerie. Soixante-dix mètres plus loin, il inscrit son deuxième essai de la soirée. Je ne le vois pas. Je pense juste à la douleur qui paralyse mon genou gauche. Christophe Foucault, le kiné toulousain, accourt. Il comprend tout de suite, fait de grands signes vers la touche. C'est grave. Les secouristes arrivent avec la civière. Je suis évacué vers l'hôpital. Le verdict est sans appel : rupture du ligament antérieur gauche.

Passé le découragement, je réagis. La blessure, je ne l'ai jamais occultée. Même si je n'y pensais pas, je savais qu'elle rôdait autour de moi, comme elle guette tous les sportifs de haut niveau. Dans notre quête d'absolu, nous cherchons toujours à aller plus loin, à pousser notre corps vers des territoires inconnus, parfois hostiles.

Rien ne sert de s'apitoyer sur mon sort. Il en sera ainsi tout au long de ma carrière. Après ma visite au Dr Boussaton, spécialiste du genou qui s'occupe des athlètes toulousains, j'organise la suite. Opération. Repos. Et très vite, avec Zeba Traoré[1], l'un des trois préparateurs physiques du Stade, on s'assoit autour d'une table pour mettre en place le programme de récupération athlétique. Action, réaction. Je ne veux pas me lamenter sur ce que je vis. Le meilleur moyen de l'empêcher est d'occuper son esprit en se fixant des objectifs.

1. Zeba Traoré est ancien sprinteur d'origine burkinabée, qui participa aux éliminatoires du 100 m, lors des Jeux de Barcelone en 1992.

TÉMOIGNAGE

Zeba Traoré, préparateur physique du Stade Toulousain

« Neuf mois sans jouer »

« Une blessure comme celle subie par Vincent n'est que le résultat d'une addition, explique Zeba Traoré, préparateur physique du Stade Toulousain. *Celle de la fatigue, du manque de fraîcheur, de l'accumulation de petits bobos. À un certain moment, le corps dit "Stop !" Et sur un appui simple, pas plus violent qu'un autre, les ligaments ont lâché. Je me souviens que, très vite, il a voulu savoir comment revenir à la compétition au plus pressé. "On fait ça... à telle date..." Il venait juste d'être opéré qu'il se tournait tout de suite vers l'avenir. Il est resté presque neuf mois sans jouer. J'aime bien ce chiffre de neuf mois... L'échelle de la gestation. Il lui fallait retrouver le chemin de ses ressources motrices. Ça demandait une véritable (re)naissance. Psychologiquement, ce mot, "naissance", a du sens. Après une blessure, on reprend le travail comme si l'athlète était un cadet. Et il*

faut qu'il l'accepte. La reconstruction du corps passe par un premier travail : enlever la douleur, chasser les doutes. À chaque phase correspondent des mouvements, des exercices. Moi je proposais des choses, Vincent choisissait ce qui lui convenait le mieux. À chaque échange, je lui demandais : "Qu'est-ce que tu veux ?" Lui savait où il voulait aller. Après une blessure, souvent, l'athlète revient plus fort. Parce qu'il sait qui il était avant la blessure, il connaît le chemin pour retrouver son niveau d'avant. Vincent a travaillé avec précision. Et il est revenu encore plus fort qu'il n'était. »

J'ai pris le temps de me reconstruire. Et un peu moins de neuf mois plus tard, juste avant les fêtes de fin d'année, je fais mon retour sur les stades, contre Mont-de-Marsan, à Ernest-Wallon. Mon objectif était de reprendre avant Noël, sans date précise. Lorsque je reçois le feu vert médical de la reprise, je joue avec les Espoirs du Stade Toulousain face à Montpellier (20-0). C'est comme une délivrance. Je peux à nouveau courir, m'engager, plaquer. Il y a tellement longtemps que j'attendais ce moment-là. Sur un terrain difficile, en plein cœur de l'hiver, j'éprouve de bonnes sensations, je ne ressens aucune douleur, je suis heureux. Je n'ai tenté que des choses simples pour me rassurer. Je me suis régalé. J'ai envie de remettre ça, même en Espoirs, le 20 décembre, mais Guy m'intègre dans le groupe qui reçoit la lanterne rouge, Mont-de-Marsan. Une reprise en douceur où les sensations me reviennent, au fil des minutes. Est-ce le hasard ? Ou ma motivation intérieure ? Je marque mon premier essai de reprise deux mois plus tard, contre Clermont, au Stadium...

Ma première expérience de la blessure est derrière moi. Une talonnade contractée lors de la Coupe du monde 2011 m'oblige bien à quelques semaines de repos à la reprise du championnat 2011-2012. Jusqu'à ce match à Clermont... J'aurais dû me méfier.

Ce 20 avril 2013 (je m'étais blessé le genou gauche un 19 avril, en 2008), on joue à Clermont. Avril, Clermont, ça ne présageait rien de bon. Le match est intense, de haut niveau. Je récupère un bon ballon et je pars en travers pour tenter de trouver une faille dans la défense clermontoise. J'évite le plaquage de Nathan Hines, le robuste deuxième ligne écossais de l'ASM. Sur l'appui, je sens quelque chose qui lâche dans le genou droit...

Je dois quitter la pelouse (hybride) du Michelin. Je crains le pire. Je passe l'IRM en urgence. Le staff médical pense à une rupture du ligament croisé antérieur. Je ne me fais guère d'illusion et comme nous sommes dans une ère où les réseaux sociaux prennent de plus en plus d'importance, j'envoie ce tweet : « Les nouvelles ne sont pas très bonnes malheureusement... La blessure nécessitera plusieurs mois d'arrêt ! Rendez-vous en début de saison prochaine. »

Les chirurgiens Michel Boussaton et David Jones m'opèrent le deuxième genou. Je sais ce qui m'attend. Valérie aussi. Le staff médical toulousain me concocte un programme de réhabilitation de haut niveau. Valérie consent encore et toujours beaucoup de sacrifices. Parce que dès que l'opération est passée, je suis déjà tourné vers la suite, la reprise de mon activité physique… J'ai décidé de faire une partie de ma rééducation au CERS, à Saint-Raphaël. Trois semaines au mois de juillet. Je veux retrouver les terrains dès la reprise des entraînements, au mois d'août… Je sais ce que je dois faire et mon expérience m'aide à optimiser chaque séance, chaque geste. J'ai autour de moi une équipe formidable, avec Zeba, Christophe (Foucault) et Benoît Castera, les kinés, Albert (Sadacca) le toubib du Stade. Et j'ai rajouté quelques éléments extérieurs, histoire de confronter et croiser les avis, les expériences. Depuis quelques saisons, je travaille avec une kiné ostéopathe, Alexandra Pallas. Elle s'est occupée de moi après une entorse de la cheville que j'avais du mal à soigner, et j'ai gardé le contact avec elle. Je la vois régulièrement à son cabinet. J'ai confiance en elle. Alexandra fonctionne comme moi. Elle trouve toujours de nouvelles solutions aux problèmes. Et son œil extérieur est important. Elle m'aide à me reconstruire une nouvelle fois. Elle viendra à Toulon lorsque je connaîtrai plus tard mes ennuis de tendon d'Achille…

De la même façon, j'ai entamé une collaboration avec le recordman de France du 400 m, Leslie Djhone. C'est encore une fois Zeba qui nous a mis en relation. Leslie habitait Albi. Je lui explique que je ressens comme une nécessité de m'entraîner avec des sportifs venant d'autres milieux. Lui se cherchait un peu. Une blessure avait mis fin à sa carrière. Ses connaissances en sprint m'ont boosté. On a beau vouloir aller toujours plus loin, il arrive un moment où le corps et le mental touchent leurs limites. C'est à ce moment-là que travailler avec quelqu'un à tes côtés qui va plus vite que toi, te pousse à en faire plus. La collaboration s'est avérée très fructueuse.

TÉMOIGNAGE

Leslie Djhone, préparateur physique

« Il avait de super bases de travail »

« Je m'attendais à trouver face à moi un rugbyman tout en muscles et en puissance, et je suis tombé sur un athlète bien préparé

pour la course, qui ne lâchait jamais rien, se souvient Leslie Djhone. *J'ai été très agréablement surpris. On se voyait à Albi ou parfois je venais à Toulouse. On se retrouvait tous les trois, avec Zeba, à Sesquières, au stade municipal. Il avait de super bases de travail. Sa qualité ? Il utilisait de manière très intelligente sa vitesse. Au rugby, il ne faut pas simplement utiliser sa vitesse mais également sa coordination. Quand vous devez réaliser un cadrage-débordement alors que vous êtes lancé à pleine allure, vous devez bien maîtriser votre coordination sous peine de vous faire mal. J'ai l'exemple du recordman du monde du 400 m, le Sud-Africain Wayde Van Niekerk (43"03' aux Jeux de Rio). Il est invité un jour à participer à un match de rugby. En pleine course, il a voulu changer d'appui. Il s'est fait un genou... Son corps et ses jambes n'étaient pas préparés à exécuter un tel geste. Après l'expérience que j'ai eue avec Vincent, je savais que ce que je venais de faire avec lui, c'était la voie que je voulais suivre. Il a guidé mon choix de carrière après ma vie d'athlète.* »

Les semaines passent et l'heure de reprendre la compétition approche. Fort de mes expériences, je ne cherche pas à brûler les étapes. Juste à bien me préparer pour ne pas rater mon retour. Avec Zeba nous avons une idée : terminer la phase de réhabilitation par quelque chose de différent, de nouveau. Il a entendu parler d'un centre, à Miami, qui prend en charge la préparation pour le « combine », un test de présélection à la NFL. Et si on y allait se tester ?

Chapitre 18

Des experts à Miami

Je demande bien sûr l'autorisation à Guy avant de prendre toute décision. Il me fait confiance, il n'y voit pas d'inconvénient. La date choisie est début novembre 2013. Profitant de la fenêtre des tests d'automne du XV de France, le Stade Toulousain va jouer un match amical de démonstration à Hong Kong, contre le Racing Métro 92. Mes coéquipiers partis en Asie, j'avais peur de me retrouver tout seul dans le centre d'entraînement d'Ernest-Wallon vidé de ses joueurs. À vrai dire, je commence à trouver un peu le temps long, même si mon retour sur les terrains a été plus facile qu'en 2008. J'ai retrouvé des sensations beaucoup plus vite, j'ai mieux géré certains aspects, comme le travail d'agilité ou d'explosivité. J'ai bossé dur, même si le staff me répétait sans cesse : « Prends ton temps ! » Ils ont fini par bien me connaître... Ils savent que j'ai tendance à en faire un peu trop, plus que le raisonnable parfois, pour revenir le plus vite possible à mon meilleur niveau. Cette impatience, que moi évidemment je ne perçois pas, est due à ma farouche volonté de relever le défi que je me suis fixé.

TÉMOIGNAGE

Zeba Traoré, préparateur physique du Stade Toulousain

« Un système nerveux inaltérable »

« *Vincent,* dit encore de lui Zeba Traoré, *il possède l'arme nucléaire en matière de qualités physiques : il se sert de son esprit pour guider son corps. Son système nerveux est d'une vélocité rare. Cette race particulière d'humains, comme lui, est dotée d'un système nerveux inaltérable. La pluie, le vent, les émotions, la tristesse : rien ne les perturbe, rien ne les détourne de leur but. Ils n'ont pas de limites. C'est leur vécu qui a fabriqué cet état d'esprit. Il a construit un neuropsycho émotif particulier. La faim, le froid, la fatigue n'ont pas de prise. J'ai compris Vincent un jour de demi-finale perdue à Bordeaux, contre le Stade Français (2005). Le fameux match où Fritz croit filer vers l'essai et se fait déséquilibrer par une cuillère de Jérôme Fillol. Je le revois, assis au pied d'un muret de Chaban-Delmas. Et il pleure. Il était remplaçant, n'avait que très peu joué. J'ai réalisé ce jour-là son envie de gagner, sa soif de performance. »*

Zeba connaissait un kiné spécialisé dans les genoux, Quentin Piret. Il nous a présentés. Lors de notre rencontre, Quentin nous parle de ce centre américain en Floride, en charge de la préparation physique des joueurs de football américain souhaitant rejoindre le championnat NFL. Il le connaît parce qu'il est consultant pour la franchise de basket NBA des Knicks de New York. Avec l'aide de Quentin, nous pouvons intégrer le centre. Et nous voilà partis pour Miami, à la découverte d'un nouveau monde. Aux États-Unis, ils ont une approche très différente de la nôtre, en matière d'athlétisation. Ils travaillent très peu l'endurance et axent tout sur la vitesse, la force, l'explosivité. Pile-poil ce qu'il me fallait à ce moment-là.

Quinze jours durant, j'ai bossé avec des baraques, des armoires de muscles. Je travaillais surtout avec les *running-backs* ou les receveurs, dont le profil se rapproche le plus de celui d'un ailier de rugby. Les entraînements, souvent silencieux, sont très courts, très intenses. Après chaque séance, on débriefe à trois, avec Zeba et Quentin. Je rencontre des joueurs venus de partout, dont bien sûr des Dolphins, l'équipe de foot américain basée à Miami. Ils nous ont invités à suivre un de leurs entraînements. Surprise, « Clem » nous rejoint en Floride. Après le match de Hong-Kong, il s'est offert un trip-retour Tour du monde, par les Etats-Unis et vient terminer le séjour américain avec nous. Tous ensembles, nous assistons à trois matches NFL, au Hard Rock Stadium. Dans la salle, les Américains me regardent avec curiosité. Je m'amuse à leur tenir la dragée haute sur les exercices. Et je m'aperçois que j'ai autant, sinon plus, de détente verticale qu'eux. Dans les exercices de course à pied en piscine, je leur mets deux mètres dans la vue, ils ne sont pas aussi endurants. Ils ont commencé à venir me voir, à se renseigner. Je me souviens que l'un d'entre eux était allé sur Internet pour voir qui j'étais… Il avait peur que je sois un candidat à la NFL ! Quand je rentre à Toulouse, juste avant les fêtes de fin d'année, je suis prêt. J'ai rechargé les batteries, peaufiné ma préparation… et trouvé l'alliance pour ma demande en mariage à venir avec Valérie !

Chapitre 19

Je voulais être kiné

Mes parents ont toujours attaché beaucoup d'importance à nos études. Le marché proposé était simple : « Tu joues au rugby mais tu travailles d'abord à l'école... » Les études constituaient le fil rouge de notre vie, prioritaire sur tout le reste. J'ai redoublé une fois, ma terminale au lycée Champollion, parce que c'était une année compliquée où tout s'est bousculé : mon admission au centre de formation du FC Grenoble, mon permis de conduire, une première où j'avais perdu pas mal de temps au sortir de ma péritonite. Bref, j'ai planté mon bac S. Ma mère a été compréhensive. Elle n'a pas tenu sa promesse qui était que j'intégrerai le centre de formation à la condition d'obtenir mon baccalauréat. Pour refaire ma terminale, j'ai laissé Champollion pour rejoindre le lycée polyvalent Vaucanson, à Grenoble, qui accueillait des classes préparatoires aux grandes écoles. Moi mon ambition était plus modeste, je voulais suivre les traces de mon père, professeur d'éducation physique, et faire STAPS. À Vaucanson, le niveau était bien plus élevé. Ça m'a obligé à travailler davantage pour ne pas être largué. Et ça a marché. J'ai obtenu le bac S avec mention, sauvant ainsi ma place au centre de formation…

Je passe mon Deug de STAPS et, quand je quitte Grenoble, je suis bien décidé à poursuivre mes études sur Toulouse. Histoire de garder une activité intellectuelle en dehors du rugby. Me permettre aussi une respiration. Je ne voulais pas avoir le seul rugby comme occupation dans ma vie. À Toulouse, je me renseigne sur les formations de kiné. Des postes sont réservés pour les sportifs de haut niveau. Le problème, c'est qu'au Stade Toulousain, Clément a déjà postulé pour le poste et qu'il est prioritaire sur moi. Comme j'aime bien la communication, je regarde du côté des formations en management et organisations sportives. Je trouve un IUP à Rangueil où je m'inscris. Mais l'histoire se complique lorsque le programme m'est donné. Sportif de haut niveau, je ne peux pas concilier les cours, les matches avec la fac et les entraînements au Stade Toulousain. Et l'entraîneur de l'équipe ne me facilite pas la tâche, car il me dit que si je ne joue pas pour la fac, je perds mon statut de sportif de haut niveau… Je me retrouve dans une impasse.

La chance veut que je croise le maire de Toulouse, Jean-Luc Moudenc, dans un avion entre Paris et Toulouse. Le maire vient souvent voir nos matches à Ernest-Wallon et, au détour de la conversation, je lui soumets mon problème. Il me met en relation avec un de ses services et tout s'arrange. J'ai pu choisir mes partiels, trouver mon rythme. J'essaye d'aller aux cours dès que je peux. Les copains de promo m'aident et je prends des cours de rattrapage quand cela s'avère nécessaire. Quand tout est mis en place, Clem (Poitrenaud) m'apprend qu'il ne peut pas suivre les étapes pratiques et qu'il abandonne l'idée de devenir kiné… À quoi tient une carrière parfois ? En 2005, j'obtiens mon master 1.

Deux ans plus tard, « Spanghi », un ami proche, nous demande à Greg (Lamboley) et à moi, si nous ne serions pas intéressés par la création d'une société spécialisée dans le marketing et l'événementiel. « Spanghi » c'est Philippe Spanghero, fils de Guy, le cadet de la fratrie Spanghero. Avec Greg on dit « Banco ! » Nous créons Team Bizness, qui deviendra ensuite Team One, et nous apportons notre aide à « Spanghi » pour qu'il développe l'affaire. À la réflexion, je me demande si j'aurais été aussi loin dans ma carrière si je n'avais pas eu cette sécurité-là derrière moi. Savoir que j'avais une porte de sortie, une activité hors rugby m'a permis de me concentrer à cent pour cent sur ma carrière au Stade Toulousain, en équipe de France, puis à Toulon. Cela m'a donné une forme d'équilibre. Enfin, avoir cette activité était une façon d'entamer l'après-rugby, de penser à l'étape suivante de ma carrière. J'ai complété mon bagage par un master 2 en ingénierie et management des organisations sportives.

TÉMOIGNAGE

Philippe Spanghero, mon associé dans l'entreprise Team One

« Une belle histoire entre amis »

« Notre histoire est une histoire de copains, raconte Philippe Spanghero, *alias* "Spanghi" *ou* "la Spanghe". *Depuis 2004, je connaissais Greg (Grégory Lamboley) et c'est lui qui nous a présentés, avec Vincent. Je jouais à Carcassonne, Christian Labit venait de reprendre l'entraînement, lorsque j'ai été approché pour monter une société d'événementiel. Nous nous sommes associés en septembre 2008. On s'est d'abord appelé Team Bizness, et en 2011, lorsque nous ne sommes restés que trois associés ensemble, nous avons pris le nom de Team One. C'est vraiment une belle histoire entre amis, Vincent et Greg étaient mes témoins de mariage. J'ai été avec Greg témoin du mariage de Vincent avec Greg... Et puis notre relation est devenue particulière puisqu'il m'a demandé de s'occuper de ses contrats quand il a quitté Toulouse. Entre nous règne une grande confiance »*

Outre mes activités avec Team One Group, je m'occupe aujourd'hui d'une société, X Body, avec Clément Poitrenaud, dédiée aux sportifs avertis ou non, qui repose sur l'usage de l'électrostimulation musculaire ciblée sur un muscle ou un groupe musculaire. Le procédé se présente sous la forme d'une combinaison garnie d'un système électronique, reliée à une interface, qui stimule les muscles choisis. Enfin, avec plusieurs sportifs, comme Blaise Matuidi ou Boris Diaw, Rony Turiaf, Antoine Dupont et Christophe Quiquandon, nous avons créé une agence de marketing et stratégie digitale et Christophe Quiquandon, nous avons créé une agence de presse, Bros Stories, qui gère la communication des athlètes de haut niveau et réalise des reportages décalés.

Chapitre 20

« Funny Sunday » à Croke Park

Mon rendez-vous avec la Coupe du monde 2003 raté, je me fixe pour objectif de jouer celle de 2007, en France. Le seul problème, c'est de retrouver ma place en Bleu. Au retour de l'Australie, Pépito Elhorga est sur sa lancée du Mondial, et Christophe Dominici indéboulonnable à gauche. Je joue trois matches du Tournoi 2004 puis je disparais des radars. Bernard Laporte ne compte plus trop sur moi. Aurélien Rougerie s'empare du numéro 14 et ne le lâche plus. Ça risque d'être plus compliqué que prévu de gagner une place sur les ailes du XV de France.

Avec Toulouse, nous accrochons une troisième étoile sur nos maillots en remportant la

Coupe d'Europe (2005) contre Biarritz (18-12 après prolongation). En Top 14, hormis une finale perdue (32-18 contre le Stade Français en 2005), nous restons à la porte du titre. Je suis toujours efficace avec le Stade en championnat (36 essais en quatre saisons), je dépanne même derrière la mêlée lorsque nous devons faire face à une cascade de blessures. Un retour en arrière qui me ramène aux années du collège, lorsqu'Yves Bardou me faisait jouer numéro 9 en scolaire au collège Barnave, à Saint-Égrève. Je m'adapte aux situations. On m'a reproché mon manque de polyvalence, je joue où on me le demande. Droitier naturel, je peux aussi jouer sur l'aile gauche. Je profite de mon temps libre pour m'impliquer dans l'association Ronald McDonald, « Dessine-moi une maison », et faire des choses que les saisons internationales passées ne me permettaient pas.

Le Tournoi 2007 démarre sans moi en Italie. « Chico » (Cédric Heymans) et « Domi » (Christophe Dominici) participent à la large victoire des Bleus à Rome (39-3). Et je suis rappelé pour Irlande-France, le premier de l'histoire joué dans le fief du football gaélique, Croke Park. Près de trois ans après mon dernier match dans le Tournoi, je remplace Cédric. Lansdowne Road, le temple du rugby irlandais, fait peau neuve et en attendant sa réfection, la Fédération irlandaise a trouvé un accord avec la Fédération gaélique pour jouer ses matches à domicile dans ce lieu bourré d'histoire. C'est à Croke Park, le dimanche 21 novembre 1920, que la police paramilitaire assassina quatorze personnes au cours d'un match de football. Cet épisode sanglant fut qualifié de *Bloody Sunday* (tout comme le 30 janvier 1972 où l'armée britannique tua des manifestants pacifistes à Dublin), ce que rappelle la chanson de U2 « Sunday, Bloody Sunday », véritable hymne à la paix qui a fait le tour du monde. Dans ce contexte particulier, le match prenait une autre dimension. Les Irlandais, pour des raisons évidentes d'honneur national, ne voulaient pas perdre ce premier match au Croke Park.

Quand je rentre sur la pelouse et que je vois ces tribunes dressées comme des cathédrales, je suis impressionné. L'hymne irlandais, chanté en gaélique a capela, m'arrache des larmes. L'après-midi s'annonce belle. Le combat est rude. Mais lorsque Ronan O'Gara passe la pénalité qui donne quatre points d'avance à son équipe (17-13), à trois minutes de la fin du match, on se dit que la victoire a choisi son camp. Sur le renvoi, nos avants parviennent malgré tout à dévier le ballon. Il ne faut pas gâcher notre dernière munition. « Zaza » Marty progresse sur le côté droit. Mignoni joue vite derrière le regroupement, écarte sur Beauxis qui m'envoie une passe tendue et millimétrée. Qu'est-ce qui me prend à ce moment-là ? Pourquoi je choisis de reprendre l'intérieur ? J'ai vu une petite ouverture. La défense irlandaise, bien regroupée, glisse bien sur sa droite. Instinctivement, je choisis de repiquer sur l'intérieur pour la déstabiliser. Face à moi, le premier défenseur est un pilier (Hayes) qui m'effleure. Ma vitesse me permet de passer entre lui et le troisième-ligne remplaçant (Neil Best). Gordon d'Arcy est pris sur son intérieur. Je me souviens d'avoir changé le ballon de main pour préparer un raffut sur le deuxième ligne O'Callaghan qui arrive en travers. Il se jette, mais ne peut me renverser. Je plonge dans l'en-but, avec Paul O'Connell sur le dos. Je marque ce qui deviendra l'essai le plus important de ma carrière en Bleu. Car non seulement il offre la victoire au XV de France à Croke Park (20-17) mais il m'ouvre les portes de la Coupe du monde.

Dans son esprit, Bernard Laporte ne souhaitait pas sélectionner quatre ailiers. Mon essai de Dublin lui fait reconsidérer la question. Je suis finalement pris pour la Coupe du monde 2007 ! Et les événements, une fois de plus, vont jouer en ma faveur. Je ne suis pas sur la feuille du match d'ouverture face à l'Argentine. La défaite (12-17) incite le staff à faire tourner l'effectif. Je jouerai contre la Namibie, chez moi au Stadium de Toulouse, mon premier match de Coupe du monde. Je participe à la fête en réussissant le *hat-trick*, trois essais marqués devant ma famille au grand complet, et tous mes potes, grenoblois et toulousains. Je m'éclipse et je ne dors pas au Pullman avec le reste de l'équipe. Je passe la soirée chez moi avec mes parents et Valérie ma sœur. Quel plaisir de prendre son petit-déjeuner en famille à la maison !

Je suis gonflé à bloc. Notre prochain adversaire, l'Irlande, me rappelle de biens beaux souvenirs ! Mon triplé contre les modestes Namibiens m'assure une place dans l'attaque française. Nous n'avons plus de joker. La défaite contre les Argentins nous oblige à gagner les trois derniers matches sous peine d'élimination. J'en enchaîne deux, je suis comblé. D'autant que je réussis un nouveau doublé face à mes rivaux préférés, les Irlandais ! C'est contre eux que j'ai réalisé mon plus joli ratio international sous le maillot du XV de France : 11 matches et 8 essais. Ce doublé en Coupe du monde est important : le premier, je l'inscris dans mon couloir, après un astucieux coup de pied inversé de Fred Michalak. Mon vis-à-vis a délaissé son aile pour venir défendre sur Fred ; en position d'ouvreur Fred n'a plus qu'à doser la frappe de son ballon qu'il dépose dans la zone idéale. Le rebond m'est favorable et je marque. Quelques minutes plus tard, c'est

Jean-Ba (Élissalde) qui tape à suivre le long de mon couloir. Je parviens à me saisir du ballon, je résiste à deux défenseurs irlandais pour terminer ma course dans l'en-but... sur le dos. Je me retourne pour aplatir. La vidéo valide l'essai. Nous battons l'Irlande (25-3). Je suis sur un petit nuage. Cinq essais en deux matches, la sono du Stade de France peut envoyer *On ira tous au Paradis,* la chanson de Michel Polnareff reprise par le public du Stade de France.

Après avoir côtoyé l'enfer, nous entrouvrons à nouveau les portes du paradis. Remplaçant contre la Géorgie à Marseille, je participe pendant sept minutes à la fête du Vélodrome. Nous sommes en quart de finale. En bons Français que nous sommes, nous irons affronter les All Blacks au Millennium de Cardiff. Pourquoi faire simple quand on peut faire compliqué ? Le pays organisateur obligé de jouer son quart de finale à l'étranger, ça ne pouvait arriver qu'à une équipe française.

La veille du match nous tournons en rond dans notre hôtel et nous regardons un film, *300,* avec Clem (Poitrenaud) : le récit de l'épique bataille des Thermopyles, où les trois cents Spartiates du roi Leonidas se battirent jusqu'à leur dernier souffle avec un courage surhumain... Toutes proportions gardées, c'était un peu notre histoire ! À Cardiff, nous étions seuls contre tous. Et personne ne donnait cher de notre peau. Il faut avouer qu'on s'était quand même singulièrement compliqué la tâche. Le matin du match, Serge Betsen a une idée : et si nous portions des tee-shirts bleus, blancs et rouges pour faire face au *haka* ? Super idée ! Banco ! C'est ainsi que les All Blacks verront se dresser devant eux un mur bleu, blanc, rouge au cours de l'exécution du *haka*. Le ton est donné.

Le match est un combat acharné. On défend comme des morts de faim. Ali Williams tombe devant notre ligne d'essai. On sauve les meubles. Serge Betsen ne reste que cinq minutes sur le terrain. Il est K.-O. et doit laisser sa place à Imanol Harinordoquy. Un scénario catastrophe se prépare. Les All Blacks ne sont pas géniaux mais ils concrétisent leurs occasions.

Nous voilà menés 13-0. Dans le vestiaire, à la mi-temps, on ne sent aucun affolement. Parce que ces Blacks sont prenables. Ça se confirme en début de deuxième période. Nous égalisons à 13-13, après que « Titi » (Dusautoir) soit venu s'intercaler dans la ligne des trois quarts. Je lui donne le ballon et il s'arrache pour terminer sa course derrière la ligne d'essai néo-zélandaise. Le Millennium gronde, on entend *La Marseillaise* s'élever à plusieurs reprises dans le ciel de Cardiff. Nous encaissons un deuxième essai. Ça se crispe, surtout du côté des maillots noirs. Fred entre en jeu à la place de Beauxis. Et sur la première mèche allumée, il dynamite la défense All Black. Une passe à hauteur de Traille lui ouvre l'intervalle. Stoppé par un défenseur, il fait un demi-tour contact avant de servir Yannick Jauzion. Essai ! Fred transforme et nous sommes repassés devant au score : 20-18. Le match a basculé. La dynamique est pour nous.

Il reste dix minutes à tenir. Notre défense y parvient d'autant mieux que les Blacks viennent s'empaler sur nos plaqueurs. « Titi » est énorme.

Il terminera le match avec 38 plaquages au compteur[1]. Ils veulent nous faire mal, ils pilonnent notre défense sans lever la tête. Comme des mouches qui cognent sur une moitié de fenêtre alors que l'autre, à côté, est grande ouverte. Au coup de sifflet final, c'est la délivrance. Les Spartiates du roi « Titi », élu homme du match, ont gagné leur bataille des Thermopyles. Au Millennium de Cardiff. La Coupe du monde pourrait s'arrêter là, ce serait génial !

Le soir, en rentrant à l'hôtel, nous logeons au *Prince of Wales,* vieil hôtel de la capitale galloise chargé d'histoire, je retrouve mon père, venu de Grenoble assister au match. Comme il n'a pas de quoi se loger, Yannick Jauzion, qui fait chambre avec moi, propose de lui laisser sa place. Après avoir fêté la qualification, je suis monté me coucher. Impossible de fermer l'œil. On a discuté

1. Thierry Dusautoir, lors de ce match, a établi à Cardiff un nouveau record sur un match : il a réussi 38 plaquages, assistance au plaqueur compris, en plus de marquer le premier essai français. Il a mérité ce jour-là le surnom de « *dark destroyer* » donné par la presse anglo-saxonne. « Titi » a plaqué à lui seul une équipe entière : seize joueurs différents. C'est Richie McCaw qu'il a trouvé le plus souvent sur sa route, et qu'il a envoyé neuf fois au tapis. Des chiffres étourdissants.

une partie de la nuit de tout ce que l'on venait de vivre. On hallucinait un peu de ce scénario improbable. On revenait vraiment de nulle part.

TÉMOIGNAGE
Jean-Pierre Clerc, mon père

« La soif de gagner »

« *Pour rien au monde, je n'aurais voulu manquer ce match,* se souvient Jean-Pierre Clerc. *Je suis parti de Marignane, où j'ai pris un vol Marseille-Londres, en réservant une voiture de location au départ. Juste avant de quitter la maison, Margaux, ma fille, me pose la question "Papa, tu as déjà conduit à gauche ?" Non, je n'avais pas pensé à ce détail... On verrait bien. La mauvaise surprise, c'était la distance entre Londres-Gatwick et Cardiff. J'ai vécu un grand moment de solitude ! Je suis arrivé tant bien que mal à Cardiff. Sans GPS, je ne savais pas trop où aller. J'ai suivi le flot des voitures. Elles m'ont amené jusqu'à l'hôtel des Français. Ce match a été incroyable. L'image qui me reste, c'est en fin de match, lorsque Michalak rate son dégagement depuis son en-but. Le ballon arrive aux trente mètres sur Chris Jack, le grand deuxième-ligne All Black. Vincent se retrouve seul devant lui. Il plonge dans ses chevilles, s'accroche à lui comme il peut pour l'empêcher d'aller à l'essai. J'ai retrouvé tout ce qui fait Vincent : la hargne, la vitesse d'intervention, la soif de gagner. »*

Mais il reste encore deux matches. La demi-finale contre les Anglais est à nouveau un combat de gladiateurs. Nous menons 9-8 à une dizaine de minutes de la fin lorsque survient le tournant du match. Un coup de pied à suivre est volleyé vers l'intérieur du terrain par Julien Bonnaire. J'arrive lancé, je prends le ballon en pleine course et m'engouffre dans l'intervalle lorsque je sens une main toucher le bout de ma chaussure. Je suis déséquilibré par Joe Worsley alors que l'essai est au bout de ma course. Je trébuche, me relève aussitôt et parviens à servir « Seb » Chabal, juste derrière moi. Il est plaqué devant la ligne. La finale s'envole. Derrière, Jonny

Wilkinson ajuste un drop, puis transforme une pénalité. 14-9. Nos meilleurs ennemis joueront la grande finale. Nous nous contenterons de la petite, face aux Argentins, que nous perdrons sans éclat au Parc des Princes (10-34). Les gladiateurs étaient fatigués. On est passé à deux doigts d'un truc énorme !

Chapitre 21

Titres en folie

Quand on me demande quel titre, à mes yeux, est le plus beau, je réponds souvent que le premier laisse toujours une trace indélébile, une saveur particulière. La victoire en finale de Coupe d'Europe, en 2003 à Dublin contre Perpignan reste un souvenir formidable. Je venais d'arriver à Toulouse, on me faisait confiance, je confirmais au plus haut niveau mes talents de finisseur. Tout était arrivé tellement vite que je surfais sur un nuage, euphorique. Je n'aurais jamais imaginé pouvoir vivre ce que je vivais. Le choix de Toulouse, même s'il n'avait guère été apprécié par certains à Grenoble, s'était avéré judicieux. Brandir la Coupe d'Europe était la meilleure réponse que je pouvais apporter. Le FC Grenoble restait mon club de cœur, celui de mes débuts, mais j'avais trouvé au Stade Toulousain le terrain idéal à mon éclosion. Quand tu côtoies l'excellence, tu es obligé de te hisser à son niveau pour exister.

Mon intégration toulousaine a été rapide parce que j'ai trouvé au Stade tout ce dont j'avais besoin : une équipe talentueuse, un club structuré et ambitieux, un groupe où le cocktail jeunesse-expérience, parfaitement dosé, était une clé du succès. La timidité dont je faisais preuve les premières semaines s'était vite évaporée au contact de Greg, Garba, Clem, Nico, Fred et les autres. Ce que j'avais expérimenté en débarquant à Toulouse, je le reproduirais ensuite, en accueillant, en guidant les nouveaux. En montrant l'exemple aussi. À Toulouse, tu sais que chaque joueur qui arrive est susceptible de prendre ta place. Ça décuple la motivation sans la polluer. La concurrence a ce côté excitant où tu dois prouver sans cesse ton talent, ton envie. Quand Max (Maxime Médard) a débarqué dans le groupe, on devinait son talent naissant. Mais personne n'a essayé de lui mettre des bâtons dans les roues. Moi je l'ai aidé à grandir, comme Émile et d'autres m'avaient aidé à mes débuts.

TÉMOIGNAGE

Maxime Médard, coéquipier au Stade Toulousain

« Un acharné de travail »

« *Ce qui m'a toujours frappé chez Vincent, c'est son implication sur le terrain. Il s'envoyait à deux cents pour cent,* raconte Maxime Médard. *C'est un acharné du travail. Quand Vince et Clem m'ont pris sous leur aile, ils m'ont inculqué ce qu'on leur avait appris. Il fallait que je me batte si je voulais y arriver. Je devais me tirer la bourre avec eux, ne jamais rien lâcher si je voulais réussir. Cet épanouissement était sain. Il n'y avait pas de jalousie possible puisque seuls les meilleurs pouvaient exister dans un tel groupe. Il fallait simplement faire partie des meilleurs. Vincent agissait avec moi comme un grand frère. À mes débuts, j'étais impulsif et il m'arrivait parfois de m'emporter contre une décision arbitrale.*

C'est lui qui venait me parler, me calmer sur le terrain. À l'entraînement il était toujours le premier, il ne trichait jamais. Aux tests physiques, je crois que je ne l'ai jamais battu ! Ses valeurs, celles inculquées par Guy, ne pouvaient que te faire avancer, progresser. Avec Guy, si tu travaillais, ça payait un jour. Plus tu travaillais et plus la récompense pouvait arriver vite. J'ai regretté qu'il ne marque pas son cent-unième essai sous le maillot toulousain. Je n'ai pas compris son départ. D'autant plus qu'aux entraînements, certains faisaient beaucoup moins d'efforts que Vincent, mais c'est lui qui a dû partir à Toulon. »

Toulouse est une machine à gagner. Forcément, en signant au Stade j'allais gagner des titres. Trois titres en Top 14 et trois Coupe d'Europe. Tous les ans, on jouait quelque chose. C'était incroyable. Malheureusement, en 2008, lors du sacre contre Clermont, je suis en tribune, avec mes béquilles. Deux mois auparavant tôt, mon genou gauche a lâché et je ne peux pas être sur la pelouse du Stade de France avec les copains. Heureusement, trois ans plus tard, le

Stade élimine Clermont en demies et retourne à Saint-Denis, contre le Montpellier de Fabien Galthié. Et si le Fidjien Rupeni Caucaunibuca est titulaire au coup d'envoi, je rentre à un quart d'heure de la fin pour contenir les derniers assauts montpelliérains et participer à la victoire (15-10).

À Toulouse, le groupe bouge sans cesse. « Caucau », quand il débarque chez nous, est la nouvelle étoile du Top 14. Une de plus à Toulouse. La concurrence imposée par Guy tire le groupe vers le haut. C'est la clé de notre réussite. On fait tourner et cette gestion permet d'aller le plus loin possible. Le Stade Toulousain, ce n'est pas Caucau, ce n'est pas Fred, ce n'est pas moi, c'est un groupe de trente-cinq joueurs qui vit bien, un ensemble performant à tous les postes, géré minutieusement et préparé soigneusement en vue de l'objectif affiché : les phases finales.

Malgré cette approche, nous n'arrivons pas à réussir le doublé Coupe d'Europe – championnat. Trop de proximité entre les deux finales. Nous sommes rois d'Europe en 2010 ? Nous échouons en demi-finales du Top 14 contre l'USAP. Nous sommes champions de France en 2011 ? Nous avons échoué en demi-finales européennes à l'Aviva stadium de Dublin, face au Leinster de Jonathan Sexton, qui nous passe ce jour-là six pénalités. Il manque toujours un petit quelque chose à la réalisation de ce doublé que Guy a connu en 1996. Au fil des saisons, la Coupe d'Europe est devenue plus exigeante. Et quand le Leinster joue vingt-deux matches en Top 12, nous en disputons 5-6 de plus.

Le titre de 2011 me permet de savourer la folie toulousaine, ces dizaines de milliers de supporters qui envahissent la place du Capitole et viennent communier avec nous. J'y étais déjà en 2008, mais quand tu n'as pas joué la finale, et que tes béquilles te ramènent à la réalité des choses, tu n'apprécies pas de la même façon. Là, tu te retrouves dans un état d'euphorie décuplé par la folie ambiante. C'est énorme la passion des « Toulouzains » pour les Rouge et Noir. Champions d'Europe en 2010, champions de France l'année suivante, les titres s'accumulent.

Cette période faste se prolonge jusqu'en équipe de France puisque je participe au grand chelem de 2010 en jouant deux matches, en Écosse et contre l'Irlande. Cette fois-ci, malgré le large succès (33-10) je ne marque pas face aux Irlandais, je dois même sortir du terrain, victime d'une grosse entorse à la cheville gauche, qui mettra un terme à mon Tournoi. Marc Lièvremont a confié le brassard de capitaine du XV de France à un Néo-Toulousain, Thierry Dusautoir, que j'ai vu débarquer avec plaisir à Ernest-Wallon, au cours de l'été 2006. Nous étions déjà ensemble en 2002 pour le grand chelem des moins de 21 ans, et nous nous retrouvons sous le maillot toulousain. Du pur bonheur.

TÉMOIGNAGE
Thierrry Dusautoir,
coéquipier au Stade Toulousain

« Vincent est toujours dans l'action »

« Je me souviens que lorsque Vincent signe à Toulouse, en 2002, je me suis fait la réflexion :

"C'est génial de le voir avancer aussi vite dans sa carrière, progresser si rapidement", explique avec une pointe d'admiration Thierry Dusautoir. *Avoir un copain qui franchit les obstacles avec une telle aisance, ça bluffe. Et tu te dis que tout est possible. Surtout quand il se retrouve face à Jonah Lomu au bout de deux sélections en équipe de France ! Et que personne ne le connaissait huit mois plus tôt… J'étais à Bègles et je le voyais briller à Toulouse. Moi, je savais que ce qui lui arrivait, il ne le devait qu'à lui. À sa volonté. À sa boulimie de travail. Parce que Vincent est avant tout un bosseur. Lors de la tournée 2006 en Afrique du Sud avec le XV de France, il a organisé un pot pour me présenter les internationaux toulousains. Je venais de signer au Stade et il voulait faciliter mon intégration. Il y a beaucoup contribué. Nos carrières sont parallèles. On a vécu les mêmes émotions, les titres, les victoires, les remises en question. Je me rappelle qu'un jour il m'a dit : "Je n'ai pas de plaisir si je n'atteins pas mes limites…" Quand tu es capitaine et que tu as dans ton groupe quelqu'un comme lui, tu ne poses plus de question. C'est super confortable. Vincent est*

toujours dans l'action, jamais dans la gestion. Il a un tel enthousiasme qu'il entraîne tout le monde derrière lui. C'est quelqu'un qu'il fallait freiner, tempérer. Combien de fois je lui ai dit : "Tu en fais trop" ! Mais il ne savait pas faire autrement. »

Ces instants privilégiés, une fois terminés, une fois digérés, tu n'as qu'une envie : les vivre à nouveau. Et encore. La saison suivante, en 2012, nous conservons notre titre de champion, face à Toulon, battu en finale (18-12). Dans les vestiaires en folie, défile le répertoire des chansons françaises que nous hurlons, que nous écorchons mais qui nous rend tellement heureux : Cabrel, *Les Oies sauvages* de Michel Delpech, *Place des Grands Hommes* de Patrick Bruel et surtout *Envole-moi* de Jean-Jacques Goldman.

J'adore Goldman. Dans ma playlist, on retrouve toutes ses chansons. Ma petite notoriété acquise avec le Stade Toulousain m'offrira une rencontre épatante avec mon chanteur préféré. On connaît tous son engagement pour les « Restos du cœur », mais il mène d'autres actions. Après les inondations de Vaison-la-Romaine (1992), pour le remercier de son soutien, des vignerons d'Ouveillan lui ont offert une vigne. Il ne savait pas trop quoi en faire, mais avec Véronique Colucci, la veuve de Coluche, ils ont eu l'idée d'organiser tous les ans une fête des vendanges dont les bénéfices seraient reversés aux « Restos du cœur ». « Les Vendanges du cœur », dont les vins sont vendus aux enchères, étaient nées. Je suis invité deux fois à apporter mon soutien et à venir chanter sur scène, avec Jean-Jacques Goldman et Patrick Fiori. Ça reste le plus gros stress de ma vie ! Chanter *Famille* avec son auteur, monter sur scène avec Jean-Jacques Goldman et Patrick Fiori, quelle excitation ! Après le petit concert, on a dîné tous ensemble autour d'une table en bois, avec toute l'équipe. Un merveilleux souvenir.

Chapitre 22

À deux doigts de l'Eden

Je suis sur la liste des joueurs présélectionnés pour la Coupe du monde 2011 en Nouvelle-Zélande, publiée très tôt (11 mai) par le sélectionneur, Marc Lièvremont. Elle réserve quelques surprises avec les absences de mes potes, Yannick (Jauzion) ou Clem (Poitrenaud) ou Seb Chabal. Ce sont les aléas du métier. Ceux qui sont pris doivent se préparer à une longue absence. Je sais que la séparation de longue durée avec Valérie et Éloïse, notre premier bébé, âgée de cinq mois à peine, sera difficile. Pas facile de s'y résoudre même si ça fait partie du job. Mais être sélectionné pour une Coupe du monde est le summum pour tout joueur de rugby international. Qui plus est au pays des All Blacks ! Le stage de préparation est long, intense. Nous passons plus de deux mois à nous entraîner, à Marcoussis, au golf de Falgos, dans les Pyrénées-Orientales puis au Chambon-sur-Lignon, en Haute-Loire.

Ça s'est joué à si peu de chose. Une pénalité manquée... La sortie prématurée de Morgan Parra, bien secoué par McCaw... La mansuétude d'un arbitre écrasé par le poids d'une finale... Notre parcours est chaotique. Malgré les larges victoires sur le Japon (47-21) puis sur le Canada (46-19) – je réussis un triplé contre les Canadiens, sous la pluie à Napier –, la machine a du mal à s'emballer. Surtout après la défaite contre les Tonga. On frise la correctionnelle, menés 19-9, il nous faut le point du bonus défensif pour passer en quarts de finale. Sur une belle fixation de Maxime Mermoz, je parviens à marquer à la dernière minute, en coin, avec deux Tongiens sur le dos. Cet essai, validé par la vidéo, nous permet de sauver les apparences et de nous qualifier pour les quarts de finale, malgré notre mauvaise prestation collective. Au coup de sifflet final, on est profondément abattus. On sait que nous sommes passés au bord du gouffre. Je n'ose même pas imaginer ce qui se serait passé si nous avions été éliminés…

De retour à l'hôtel, les têtes sont basses, les silences pesants. Après le déjeuner du lendemain, on décide de s'enfermer dans une salle de l'Amora Hotel. Une pièce sans fenêtre, un peu triste. À l'image de notre équipe. Il faut qu'on se parle, qu'on se dise nos quatre vérités en face, sans se mentir. On ne joue pas à notre véritable niveau, avec nos moyens. Nous ne sommes plus véritablement une équipe. Certains sont vexés par les propos de Marc Lièvremont, notre entraîneur, qui les a traités « d'enfants gâtés »… D'autres ont le blues. Rien de positif ne transpire. Il faut absolument crever l'abcès. Ce sera fait, en présence du staff, qui participe à l'échange. Le ton monte parfois, des nerfs craquent. Les packs de bière, stockés dans la salle, trinquent. C'est le grand déballage. Quand les canettes vides commencent à s'empiler, les langues se délient. Parfois, l'un d'entre nous augmente le volume de la sono et la musique déferle dans la pièce. Les murs tremblent. Des crispations se font sentir. L'atmosphère, parfois, est tendue. Mais finalement salutaire. Qu'est-ce que l'on veut faire ? Continuer à traîner notre misère jusqu'à la fin de la compétition ? Ou au contraire réagir et prouver que nous valons bien mieux que ce que nous avons montré ? OK, nous avons été mauvais jusqu'ici. Mais nous sommes en quarts de finale. Ne bradons pas notre bonheur.

TÉMOIGNAGE
Thierrry Dusautoir,
coéquipier au Stade Toulousain

« Après les Tonga, il est venu me voir... »

« *La soirée qui a suivi notre défaite face aux Tonga,* raconte Thierry Dusautoir, le capitaine du XV de France en Nouvelle-Zélande, *on s'est mis "sur le toit". On s'est parlé. Avec violence parfois. Je me souviens qu'une fois l'euphorie retombée, Vincent est venu me voir : "Thierry, il faut organiser une vidéo, demain. Ça te dit que l'on revoie le match tous ensemble, pour voir et comprendre ce qui ne fonctionne pas ? Il faut que chacun fasse son autocritique devant l'équipe. On ne peut pas continuer comme ça !" Il a été le premier à me souffler l'idée. D'autres ont emboîté le pas. Nous avons visionné le match des Tonga tous ensemble. Chacun s'est exprimé. Ce fut le premier acte, fondateur, avant les phases finales de la Coupe du monde. »*

Ce qui est ressorti de cette journée post-Tonga, un dimanche, c'est que nous voulions prendre notre destin entre nos mains. On voulait maîtriser ce qui allait arriver derrière. Arrêter que l'on nous mâche le travail. Sans écarter le staff, comme on a pu l'entendre ou le lire par la suite, mais tous ensemble. Simplement, certaines choses ne nous allaient pas. Alors, on s'en est ouvert à Marc (Lièvremont) et aux entraîneurs. Eux, ils n'attendaient que ça, que nous prenions notre destin en main. Nous étions spectateurs de notre film « Coupe du monde ». À nous d'en redevenir les acteurs. Lors des deux entraînements qui ont suivi, le lundi et le mercredi, on a mis le ballon au milieu du terrain. S'en est suivi un travail avec opposition, musclé comme rarement. On s'est fracassés à grands coups d'épaule, de plaquages destructeurs. Virils… et pas toujours corrects. À la fin de l'entraînement du mercredi, on était super contents. Nous avions évacué notre déception, nos rancœurs. Nous étions prêts à faire les choses en lesquelles nous croyions. Il restait à le démontrer sur le terrain.

Avant d'affronter les Anglais, « Titi » (Dusautoir) reçoit un appel de David Douillet, en visite à Auckland. Récemment nommé secrétaire d'État en charge des Français de l'étranger, il souhaite parler au capitaine du XV de France. Il ne veut pas venir à l'hôtel, pour ne pas déranger, et pour éviter que l'on interprète sa visite comme un acte de récupération politique. Thierry me demande de l'accompagner. Nous quittons notre hôtel par une porte dérobée, nous montons discrètement dans une voiture qui nous attend et rentrons dans l'hôtel de David Douillet par une porte de service… Le double champion olympique

11 octobre 2009. Un doublé contre Sale au Stadium de Toulouse et me voilà recordman des essais en Coupe d'Europe.

2011. Roi du Capitole. Mon premier bouclier de Brennus brandi en tant que joueur.

18 septembre 2011. Trois essais contre les Canadiens, la Coupe du Monde est lancée !

6 octobre 2011. Essai ! Les Anglais sont battus. Nous voilà qualifiés pour la demi-finale de la Coupe du monde en Nouvelle-Zélande.

2014. Le jour de mon mariage, au bras de maman, donnant la main à Margaux, sous les yeux de mémé Lily et de Chantal, ma marraine.

2014. Témoins de mariage, amis dans la vie et partenaires professionnels, entouré par « Spanghi », Philippe Spanghero, et « Bobol », Grégory Lamboley.

2014. Mes potes d'enfance grenoblois étaient là, bien sûr, à notre mariage. De g. à dr. : Antoine Bernard, Julien Graziotin et Grégory Bodson.

Face au Stade Français en 2016, l'un de mes derniers essais avec Toulouse.

10 mars 2018. Avec Toulon cette fois-ci, la joie d'atteindre la barre des 100 essais inscrits en championnat, contre Agen.

Ma dernière dernière sortie à Ernest-Wallon en 2016 va m'arracher des larmes.

2016. Dernière haie d'honneur à Ernest-Wallon. Je tiens ma fille, Éloïse, par la main sous les yeux attendris de mes coéquipiers toulousains.

Ma der avec Toulouse. L'émotion est forte. Ici, avec Max Médard.

Sous les couleurs de Toulon, Hugo Bonneval m'offre mon 101e essai sur un plateau. Je suis désormais le recordman d'essais en Top 14.

2018. Les crampons à peine raccrochés, je retrouve Mayol, en costard-cravate pour Canal +. Pour moi, la (nouvelle) vie a commencé.

Avec Éloïse et Victor, le bonheur en famille.

21 octobre 2018. Au marathon de Toulouse, la course par équipes disputée avec « Bobol » (Greg Lamboley), Éric Espagno et « Spanghi » (Philippe Spanghero).

Victor assurera la relève.

de judo nous reçoit dans sa chambre d'hôtel. Nous ne parlons que de sport, des Jeux olympiques de Sydney, de son expérience des grands événements. L'intermède terminé, nous regagnons notre camp de base aussi discrètement que nous l'avons quitté.

Le quart de finale contre l'Angleterre, à l'Eden Park d'Auckland, est magnifique. D'engagement et de maîtrise. Je joue à droite, face à Mark Cueto. Avec Maxime Médard et Cédric Heymans, nous chantons *La Marseillaise* avec envie. On se serre pour se donner du courage, pour se motiver. On sent l'équipe regonflée à bloc. Nous prenons le score très vite grâce à Dimitri Yachvili. Sur une attaque placée, après un ballon volé en touche par Papé, Nallet charge plein champ. Yachvili ouvre vers Parra, qui me sert sur un pas. Je suis venu de mon aile créer le surnombre et je passe entre Ashton et un autre défenseur anglais. Je résiste à un plaquage, m'arrache pour venir faire un demi-tour contact sur l'arrière Ben Foden. Et terminer ma course dans l'en-but pour inscrire le premier essai du match (22e). Maxime Médard inscrit un deuxième essai juste avant la pause. Nous menons 16-0. Malgré la réaction anglaise en deuxième mi-temps, nous créons l'exploit de battre l'Angleterre (19-12). Nous jouerons la demie.

La chance fait partie intégrante de notre métier. La suite va nous le prouver. Les Gallois nous attendent de pied ferme en demies. Ils ont éliminé les Irlandais en quarts de finale et sont remontés comme des coucous... britanniques. Warren Gatland, leur entraîneur néo-zélandais, a préparé le rendez-vous de son équipe avec l'histoire. Le XV gallois n'a jamais joué de finale de Coupe du monde. Son jeu est rude, direct, agressif. Trop parfois. À la dix-huitième minute de l'affrontement qui s'annonce tendu, je viens à l'extérieur de Dimitri Yachvili, en position de premier centre, et je tombe sur le capitaine gallois Sam Warburton. Il me plaque violemment. En me retournant en l'air, il me relâche et je tombe sur la nuque, laissant échapper le ballon. Je vois trente-six chandelles. Allongé sur la pelouse, tandis que notre staff médical s'occupe de moi, je ne sais même pas que Warburton vient d'être expulsé et que les Gallois finiront le match à quatorze… Ce fait de jeu aurait dû nous transcender. Il nous anesthésie. Tout à coup, l'équipe se met à déjouer, comme tétanisée. On n'écarte plus un seul ballon, on ne joue plus au large. La peur de se faire contrer est mauvaise conseillère. Il pleut et la trouille finit par nous gagner. Tous. Nous sommes chanceux de n'encaisser qu'un seul essai. Au coup de sifflet final, nous remportons le match (9-8) mais sans gloire. Nous sommes en finale de la Coupe du monde. Incroyable retournement de situation dû à une prise de conscience collective. Voilà comment une équipe vouée aux gémonies dix jours plus tôt, se retrouve à défier les All Blacks dans leur antre de l'Eden Park !

Cette nuit-là, je suis épuisé, un peu euphorique aussi. À 3 heures du matin, impossible de fermer l'œil. Alors je me lève, j'enfile une paire de baskets, un survêtement et je quitte l'hôtel. Je pars à pied découvrir Auckland, pour une nuit blanche, comme cela m'était déjà arrivé quatre ans auparavant à Cardiff. Les écouteurs sur les oreilles, je m'enfonce dans la nuit du pays au long nuage blanc. Je croise des gars qui sortent de boîte de nuit, j'assiste au lever du soleil avant de rentrer à l'Amora Hotel, fourbu mais heureux de cette petite escapade nocturne dans les rues de la capitale néo-zélandaise.

Avec un petit coup de pouce du destin, nous pouvions très bien terrasser les All Blacks chez eux. J'imagine qu'une rivière de larmes aurait inondé la Nouvelle-Zélande. Moi, ça m'aurait permis de gagner le seul titre manquant à mon palmarès. Le titre honorifique de meilleur marqueur du tournoi, six au total, que je partage avec l'Anglais Chris Ashton, ne me console pas vraiment.

Chapitre 23

Valérie...

Je m'habitue à ma nouvelle vie. Elle tourne essentiellement autour du rugby, même si je n'ai pas perdu de vue mes études. Je me suis bien intégré dans le groupe du Stade Toulousain, chaperonné par Greg Lamboley, mon tuteur, avec qui j'ai partagé tant de belles choses tout au long de ma carrière, adoubé par les troisièmes mi-temps joyeuses qui nous unissent après les matches à Ernest-Wallon. Une rencontre va changer ma vie. Un soir, je décide de faire ma séance de récupération en piscine, à Calicéo, un centre de remise en forme aquatique situé à L'Union, où le Stade a ses habitudes. Et sur qui je tombe ? Guy Novès ! Il est en maillot de bain, mais n'est pas tout seul...

Il est en compagnie d'une de ses filles, Valérie, qui vient de terminer des partiels de médecine. Elle a accompagné son père pour se détendre un peu. Je salue Guy, Valérie mais, de nature un peu timide, je regarde plutôt mon entraîneur que sa fille... Je balbutie un « Bonjour ! » emprunté, je dois dire quelque chose comme « Je suis venu faire du chaud-froid... » Comme si j'avais besoin d'expliquer à Guy ce pourquoi j'étais là ! Je suis un peu confus...

Et puis plus rien pendant des mois. Jusqu'à ce retour en avion privé vers Toulouse, au soir de notre défaite en finale de Coupe d'Europe contre les Wasps[1]. Je suis assis à côté de Greg Lamboley, et, sur le même rang mais de l'autre côté de l'allée, Valérie est assise à côté de son frère, Vincent. Je ne me rappelle plus très bien pourquoi mais Greg me dit : « On n'a qu'à changer de place... » Je me retrouve donc sur le bord du rang, et j'engage la conversation avec Valérie, appuyé sur l'accoudoir,

1. Le 23 mai 2004 à Twickenham, Toulouse s'incline dans les dernières minutes de la finale européenne face aux Wasps de Londres (27-20).

puisque nous sommes séparés par l'allée centrale. Notre discussion a dû attirer les regards parce que très vite, quelques facétieux se sont mis à chambrer. Jean-Baptiste Élissalde, à un moment du voyage, a pris le micro du steward, pour se moquer. Taquin comme il sait l'être, il a commencé à parler de moi et à se déchaîner : « Vincent Clerc ceci, Vincent Clerc cela, Vincent Clerc vient d'être muté en Alaska... » Tout l'avion écoute ce que raconte Jean-Ba. Je suis un peu gêné, me tasse un peu dans le fauteuil... Mais pas la peine d'essayer de raisonner Jean-Ba, ça n'aurait fait qu'amplifier le phénomène.

Le retour sur Toulouse n'est pas aussi triste que l'on peut imaginer. Malgré la défaite, nous avons réussi un gros, gros match. Peut-être l'un des plus intenses que j'ai eu à jouer avec le Stade Toulousain. Au retour des vacances, elle m'a appelé un jour pour me parler. Je me demandais comment, et par qui, elle avait eu mon numéro... En fait, elle l'avait subtilisé dans le répertoire du portable de son père ! On s'est revus. Valérie décide de tout raconter à ses parents. D'abord, parce qu'elle habite encore chez eux. Elle n'a pas envie de mentir ou de raconter des bobards à chaque fois qu'elle sort et qu'elle vient me retrouver. Elle ne veut surtout pas que son père apprenne notre relation par une tierce personne.

Seul hic, je n'assume pas du tout ! Sortir avec la fille de mon entraîneur, je n'arrive pas à l'imaginer, à m'y résoudre. J'ai peur du regard des autres. Quand j'en parle aux potes autour de moi, à Garba, Greg ou un autre, ils ont tous la même réponse : « Tu t'en fous ! Vas-y ! » J'ai Valérie dans la tête. Mais je ne parviens pas à franchir le pas, à aller plus loin dans notre relation. Je me souviens que, lorsque je l'invitais, nous sortions en dehors de Toulouse. Je cachais notre histoire. Alors à un moment donné, Valérie a préféré mettre un terme à notre relation.

C'est est une amie de Julie Lamboley, la compagne de Greg. Forcément, entre filles, elles se racontaient tout. Un soir, j'organise une raclette chez moi et j'invite les Lamboley à la soirée, avec quelques autres amis. Je n'ai évidemment pas d'appareil à raclette et Julie me dit de ne pas m'inquiéter, qu'elle m'apporte le sien. Sauf qu'elle n'en a pas... Elle en demande un à Valérie, bien sûr ! Qui n'est pas invitée à la soirée puisque nous ne sommes plus ensemble. Julie, qui connaît les faces cachées de notre histoire, à qui j'ai dit combien Valérie comptait pour moi et qui, certainement, a entendu les mêmes mots dans une autre bouche, arrive à la maison avec son appareil dans les bras. On passe une soirée sympa. Et au moment de partir, Julie oublie l'appareil chez moi.

Quelques jours plus tard, le 19 janvier 2005, on sonne à la porte. J'ouvre. Et là, qui se tient sur le pas ? Valérie ! Elle vient récupérer son appareil. Passées la surprise et l'émotion, on discute. Et l'histoire redémarre. Cette fois-ci, pas question de commettre les mêmes erreurs. Je dois assumer ce qui arrive, un point c'est tout. Ces retrouvailles ont opéré sur moi comme un déclic. Je voulais être sûr à deux cents pour cent de notre relation. Je l'étais.

D'un coup, tout est devenu plus clair. Notre relation, « officialisée », s'en est trouvée renforcée.

Nous avons vécu un peu plus de deux ans comme ça. Valérie terminait ses études de médecine. Nous n'avons aménagé ensemble qu'après la Coupe du monde 2007 en France, la première que j'ai disputée. Je n'ai pas demandé Valérie en mariage tout de suite.

Quand notre premier bébé, Éloïse, est arrivé en 2011, le 3 janvier, nous n'étions toujours pas mariés. L'idée me trotte dans la tête depuis un petit moment. Le déclic se produit en décembre 2013, lorsque je pars en Floride terminer ma rééducation, après ma deuxième opération aux genoux.

Dans une boutique du centre commercial où nous avons nos habitudes, je tombe en arrêt devant une bague exposée en vitrine. L'un des vendeurs, français, me dit qu'il est possible d'avoir la bague et son diamant, en quinze jours. C'est exactement le temps qu'il nous reste à passer en Floride. Le jour promis, la bague est là, superbe ! Il me reste à imaginer le scénario pour offrir la bague et déclamer ma demande en mariage...

Je me vois en chevalier délivrant sa princesse dans un château. Et l'idée prend forme. Je loue un château à Plaigne, à la limite de l'Aude et l'Ariège, à une soixantaine de kilomètres de Toulouse. Je prends des cours d'escrime artistique auprès de deux pros que Zeba m'a recommandés, des comédiens qui reconstituent des duels médiévaux. Je loue une armure de chevalier du XVIe siècle dans l'Ariège. Et j'invite Valérie pour une soirée en amoureux dans un restaurant que je lui indique se trouver en pleine campagne...

J'ai du mal à trouver l'endroit sur les petites routes de l'Aude. Valérie se dit que pour une soirée au restaurant, il est bizarre mon itinéraire. Ce n'est que lorsque nous arrivons enfin à La Commanderie, un château du XIIIe siècle datant de l'époque cathare, qu'elle se détend. La propriétaire des lieux l'accompagne dans une grande salle qui sert de bibliothèque... où elle l'enferme à double tour ! Valérie commence à comprendre dans quel film elle joue. Soudain par la fenêtre de la pièce, des projecteurs s'allument. Des cris montent de la cour. Elle regarde par la fenêtre, et dans le halo lumineux elle voit un chevalier se battre à l'épée contre deux spadassins. Le chevalier, c'est moi bien sûr. Je la rejoins, dans mon armure d'époque, me mets à ses genoux et lui remets un livre. C'est un roman d'Anna Gavalda, *Ensemble, c'est tout*. J'ai découpé les pages à l'intérieur pour en faire une petite cachette dans lequel j'ai déposé le coffret avec l'alliance. Je lui ai demandé si elle voulait être mon épouse. Elle m'a dit : « Oui. »

Chapitre 24

Direction Toulon

J'entame ma quatorzième saison sous le maillot du Stade Toulousain et j'arrive en fin de contrat. Je connais bien la maison et le sort qu'elle réserve à ses anciens soldats. Généralement, elle ne fait pas de sentiment. En décembre 2015, je vais voir Ugo Mola, avec qui je m'entends bien depuis qu'il a pris le poste d'entraîneur au Stade Toulousain, pour discuter de mon avenir en rouge et noir. J'ai 34 ans, j'approche de la fin de carrière, et quitte à faire une dernière saison, autant me faire plaisir. Une expérience à l'étranger m'attire. J'ai pris des contacts aux États-Unis, avec San Diego, San Francisco. Je regarde aussi du côté du Japon et de l'Angleterre même si la Premiership m'attire moins. Je ne me vois pas poursuivre ma carrière en France ailleurs qu'au Stade Toulousain. C'est ce que je dis à Ugo Mola lorsque nous en discutons. Lui me dit qu'il aimerait me garder une saison supplémentaire. Il faut qu'on en parle avec René Bouscatel, le président du club. On déjeune ensemble tous les trois, je n'ai aucune exigence financière. Je veux juste boucler la boucle dans le club qui m'a fait grandir. On se tape dans la main à la fin du repas, où René me dit « c'est sûr que tu resteras chez nous... » J'arrête toute recherche de club à l'étranger. Les semaines passent, Valérie a pris des contacts pour s'associer dans un futur cabinet médical qu'elle projette d'ouvrir. Je rencontre le manager stadiste, Fabien Pelous, qui me confirme les propos du président Bouscatel : « Il est hors de question que tu finisses ta carrière sous un autre maillot... »

Je suis confiant. L'argent n'est pas un problème, je veux rester à Toulouse, donc tout roule... Je fais appel à un intermédiaire pour rédiger le contrat dans les termes discutés et lorsqu'il le présente au président et au manager, il s'entend dire que Vincent Clerc n'est pas prévu dans la masse salariale du Stade Toulousain, pour la saison 2016-2017 ! Je sais que les clubs sont soumis au salary-cap, qui leur interdit de dépasser un certain montant de masse salariale. Mais leur discours à mon égard se veut toujours rassurant : « Ne t'inquiètes pas, on va trouver une solution, tu es notre priorité. » La signature du contrat traîne mais j'ai confiance.

Lorsqu'une première alerte m'interpelle. J'apprends par les réseaux sociaux que Toulouse vient de faire signer l'ailier samoan Paul Pérez. Autour de moi, certaines personnes commencent à me mettre en garde sur l'attitude du Stade à mon égard. Des bruits concernant une arrivée possible de l'ailier international d'origine fidjienne Virimi Vakatawa se font de plus en plus insistants. Moi, j'ai toujours en tête les paroles de René Bouscatel. Pourquoi les remettrait-il en cause ? La situation traîne. Au mois de mai, nous partons en stage à Saint Cyprien, près de Perpignan, pour préparer la fin de saison. Il reste trois matchs à jouer, deux déplacements, à Oyonnax et Grenoble, un match à Toulouse contre Clermont. Nous gagnerons les trois et nous jouerons un match de barrage contre le Racing Métro. Au retour à Toulouse, le vendredi 13 mai, Ugo Mola , à qui j'ai demandé une proposition concrète et qui a rencontré dans ce but le président Bouscatel et Fabien Pelous, m'appelle et me lâche : « ils ne te proposeront rien... »

Je suis effondré. Je ne m'attends absolument pas à pareil dénouement et je prends l'annonce en pleine figure. J'ai inscris les enfants à l'école pour la rentrée scolaire suivante. En une seconde, tout s'effondre sous mes pieds... Le lendemain, Mourad Boudjellal m'appelle. Je ne sais pas si le président du RC Toulon a eu vent de ce qui se trame pour moi à Toulouse, mais il vient prendre la température. Nous discutons et je lui dis : « si on me la fait à l'envers à Toulouse, je viens à Toulon... » Il me rappelle le vendredi suivant. La situation n'a pas évolué. Je lui réponds : « C'est bon, je viens ! » Je prépare dans le week-end un petit communiqué que je diffuse sur les réseaux sociaux, par Instagram. Je dis ceci :

« Il m'a été notifié que mon club depuis 14 ans ne me ferait aucune offre pour que je reste. Je voulais tout d'abord remercier les nombreux supporters et partenaires qui ont œuvré pendant de longues semaines pour que je ne quitte pas le club… j'en ai été extrêmement touché ! J'ai passé 14 ans à Toulouse, ville dans laquelle j'ai fait mes plus belles rencontres, dans laquelle je me suis construit en tant qu'homme, et dans laquelle j'ai fondé ma famille. J'espérais terminer ma carrière sur ces terres, mais je n'étais en aucun cas prêt à y mettre un terme. J'ai encore envie de prendre du plaisir sur le terrain, de relever des défis, et surtout, de continuer à vivre ces émotions si particulières et si intenses que le rugby me procure depuis que je suis enfant. Malheureusement, je n'en avais plus la possibilité ici. »

En résumé, j'explique que je me suis fait planter et que j'ai décidé de partir. Je n'avais pas envie que l'on décide pour moi du lieu et de la date de ma retraite sportive. Le lundi qui suit l'annonce, René Bouscatel m'appelle et me demande de lui (re)raconter toute l'histoire.

Quand j'ai fini de l'exposer, il me dit : « C'est comme si je t'avais donné ma parole... Tu dois rester. » Je lui réponds que c'est impossible. J'ai donné ma parole à Toulon et à Mourad Boudjellal, et je n'y reviendrai pas dessus.

Pour moi le fond du problème est simple : quand c'est fini, c'est fini !

Les nouvelles mœurs du rugby professionnel m'attristent. Moi qui ai toujours marché à la parole donnée, je découvre soudainement, à mes dépens, qu'une parole ne suffit plus.

La semaine avant le dernier match de la saison régulière à Ernest-Wallon, programmé le dimanche 29 mai contre le leader du Top 14, Clermont, je dois préparer mes adieux à Toulouse, penser à inviter tous ceux qui ont compté pour moi dans cette ville et ce club. Pas facile car à la tristesse de quitter le Stade Toulousain s'ajoutent les démarches pour réinscrire Eloïse dans une école à Toulon. Et Valérie est à nouveau enceinte. Un moment hyper dur à vivre. J'en veux aux dirigeants du club, ils ne se rendent pas compte qu'ils auraient pu planter net ma carrière.

Je parviens tant bien que mal à inviter au stade tous ceux que je dois inviter. Mes copains grenoblois ont fait le déplacement toulousain, Antoine Bernard en tête. Je suis titulaire pour affronter Clermont, le public toulousain est formidable. Dans la semaine, il a appris l'officialisation de mon départ pour Toulon. Et il est venu nombreux fêter mes adieux. Je ne suis pas le seul à quitter le club. Louis Picamoles part à Northampton, Imanol Harinordoquy raccroche les crampons, Clément (Poitrenaud) aussi. Millo Chluski, Tialata, Matanavou, Muller s'en vont. Une page se tourne. Je rentre seul, le premier, sur la pelouse d'Ernest-Wallon que je m'apprête à fouler pour la dernière fois. L'ovation est incroyable. Je sens les larmes monter. Je ne les retiens pas. Nous battons Clermont (22-11). La qualification pour les phases finales est assurée. Juste avant la fin du match, le ciel y va aussi de sa petite larme en déversant une petite averse sur le stade. L'émotion est à son comble. Eloïse, ma fille, est près de moi, dans un maillot noir trop grand du Stade Toulousain. Et lorsque le fidèle Jean-Louis Putinier me tend le micro pour que je puisse dire quelques mots de remerciement aux supporters du Stade, je ne parviens pas à dire grand-chose, sinon cette phrase : « Tous les gens que j'aime sont ici, dans le stade. Merci. » C'est également ce que le public nous dira, en brandissant de petites affichettes rouges et noires où est écrit un seul mot : « Merci »

Avant de quitter Ernest-Wallon, j'organise un peu dans la précipitation un pot pour remercier tous les gens des services administratifs, que j'appréciais autant. Quatorze ans passés dans un club, ce n'est pas rien ! Et je referme dans la douleur le chapitre le plus long et le plus intense de ma carrière.

Chapitre 25

Maudit Michelin !

Le 22 mai 2016, dans les colonnes du quotidien local *Var Matin*, le président du RC Toulon Mourad Boudjellal confirme que j'ai bien signé pour une saison. Une semaine après mon tweet annonçant mon départ du Stade Toulousain, l'officialisation de ma signature sur les bords de la Rade coupe court à toutes les rumeurs. De toute façon j'avais donné ma parole à Mourad Boudjellal. Le temps de trouver une maison, du côté de Carqueiranne, et ma famille, Valérie et Éloïse, vient me rejoindre. Valérie a mis en stand-by son activité de médecin pour un an, et Éloïse ira à l'école maternelle de Carqueiranne, en grande section. Tout est en place. Je peux me concentrer sur la nouvelle aventure que j'ai décidé de tenter, certainement la dernière de ma carrière. Au rouge et noir toulousain, va succéder… le rouge et noir toulonnais. Au niveau des couleurs, ça va, je ne serai pas dépaysé ! À l'idée de poursuivre ma carrière dans un club de très haut niveau, je suis excité. Côtoyer des Nonu, Giteau, Mitchell, Bastareaud ou Tuisova, est quelque chose de sportivement attrayant. Je retrouve Matt Giteau, contre qui j'avais joué en Coupe du monde des moins de 21 ans, quatorze ans plus tôt ! Il nous avait fait des misères à l'Ellis Park de Johannesburg.

Il me tarde de mettre mon nouveau maillot orné du brin de muguet, emblème du RCT. Puisse-t-il me porter bonheur… À ceux qui pensent que je viens sur la côte varoise en pré-retraite, je rétorque que je suis là pour jouer le plus de matches possibles, et, pourquoi pas, m'offrir un dernier titre…

C'est mal me connaître, penser que je peux manquer de motivation. L'idée m'avait effleuré de raccrocher les crampons, mais je me rends compte avec le recul que ne plus jouer m'aurait trop manqué. Je me suis engagé pour un an avec

Toulon, mais je ne m'interdis rien. Nous verrons bien après la saison… Je vais tout donner. Je vais faire comme si c'était ma dernière saison et on fera le point à la fin du championnat.

L'effectif toulonnais est pléthorique. Une constellation d'étoiles comme c'était le cas à Toulouse lorsque le Stade planait sur le Top 14 et la Coupe d'Europe. Nous sommes une dizaine d'ailiers, aux profils différents, avec du talent à revendre : les Habana, Mitchell, O'Connor, Muller, sans oublier les Fidjiens Tuisova et Barba. C'est bien, cette pléthore de talents, puisque je suis venu à Toulon pour gagner des titres ! J'ai envie de continuer à marquer des essais, c'est sûr, et si je passe la barre des cent, personne ne me parlera plus du record de Laurent Arbo. On me demande si j'éprouverais une émotion particulière à rejouer à Toulouse, au stade Ernest-Wallon ? Non, ce que j'aimerais c'est fouler une dernière fois cette pelouse. Mais je ne sais pas si des occasions de le faire se présenteront… Une chose est certaine, le climat varois est très agréable. Je découvre la région au guidon de mon scooter.

Parce que j'ai envie de réussir mon pari, je m'entraîne très fort. Aux tests physiques, je suis en bagarre avec les meilleurs. Ça me rassure d'un point de vue psychologique. Mais l'intensité que je mets dans mes séances n'est-elle pas la cause de cette douleur qui s'installe dans la région du tendon d'Achille droit, et qui est apparue à l'entraînement ? Je n'en sais rien. Toujours est-il qu'elle m'empêche de parfaire ma préparation, et me prive des matches amicaux d'avant-saison. Je ne pourrai pas démarrer le championnat, ni à Bayonne, ni à Pau, ce qui permet à mon tendon de récupérer. Lorsque le manager toulonnais, Diego Dominguez, m'annonce que je suis dans le groupe pour la réception de Brive, premier match de la saison à Mayol, je sens monter en moi une poussée d'adrénaline. Comme si j'allais débuter en Top 14. Pareil.

Ce baptême du feu à Mayol ne se passe pas comme prévu. On perd à la maison contre Brive (21-25) et à la fin du match, mon tendon me fait à nouveau souffrir. Je ne peux pas courir. Ce ne sont pas les débuts en fanfare dont je rêvais... Avec le staff médical toulonnais, une petite intervention est décidée afin de peigner le tendon d'Achille, pour remettre en place les fibres abîmées. À Marseille, le Professeur Cermolacce, qui s'occupe de mon cas, m'autorise à enlever rapidement la protection protégeant mon pied. Les trois mois d'arrêt qui me sont prescrits permettent de mieux me préparer. Je travaille en piscine.

À l'entraînement, je piaffe d'impatience. Je suis à nouveau sur une feuille de match, remplaçant, juste avant les fêtes de Noël, pour le match à Montpellier. Je rentre vers l'heure de jeu et les sensations sont plutôt bonnes. Je passe des fêtes agréables, même si les nouvelles dates du calendrier LNR incluent des matches pour le *boxing day* à la sauce française. Le 1er janvier 2017, Toulon reçoit le Racing Métro. Je suis à nouveau remplaçant. La semaine suivante nous attend le combat des chefs, à Clermont. Je ne suis pas superstitieux mais j'aurais dû me méfier en redevenant titulaire chez ma bête noire…

Sur la pelouse hybride du stade Marcel-Michelin, tandis que nous approchons de la fin du match, je sens soudain le coup de poignard transpercer mon talon gauche. Je suis allongé par terre, dévasté. J'ai compris que l'autre tendon d'Achille venait de lâcher à son tour. Le retour vers Toulon est triste. J'ai le temps de ressasser les faits. Je vais avoir 36 ans. Je suis en fin de contrat. Ma saison est terminée avant même d'avoir démarré. Le bilan est maigre : j'ai joué quatre matches en tout et pour tout, en étant titulaire deux fois. Moi qui rêvais à des titres… Est-ce la fin de ma carrière ? Terminer sur une blessure, je ne peux m'y résoudre. C'est en tout cas ce que je dis au kiné du RCT.

Chapitre 26

Il suffira d'un signe

L'abattement, chez moi, ne dure pas longtemps. Le lendemain de ma blessure à Clermont, j'appelle une nouvelle fois le Pr Christophe Cermolacce, mon chirurgien orthopédiste à Marseille, pour une consultation d'urgence. Je pars à Marseille, tout seul, au volant de ma voiture… Heureusement, c'est une boîte automatique ! Il regarde mon tendon d'Achille, me dit que je lui tire trop dessus, que le tendon collatéral est rompu. Je demande au chirurgien si cette blessure était prévisible, parce que, jusque-là, tout allait bien… Il me répond que c'est vraiment la faute à « pas de chance » et que ce genre de blessures survient parfois sur des retours de blessure. En tout cas, ça peut arriver à tout le monde. L'âge n'a rien à voir.

Je lui dis que je souhaite me faire opérer rapidement. Il me demande : « Quand ? » Je lui réponds : « Aujourd'hui, maintenant ! » Il me regarde drôlement et commande le bloc opératoire. L'intervention se passe bien. Pour moi, dans ma tête, une fois opéré, je ne suis plus blessé…

Après l'opération, le chirurgien se veut rassurant. Il m'explique le processus à suivre : trois mois de cicatrisation, de prudence. Après, tout dépendra de la façon dont je récupérerai, de l'investissement que je mettrai dans cette rééducation.

J'appelle Valérie pour lui dire que tout s'est bien passé et que je rentre. Elle m'interdit de reprendre la voiture. Elle ne veut pas que je conduise tout seul sur le trajet Marseille-Carqueiranne. Je commande sagement une ambulance pour retourner à la maison. Quand Guy m'appelle, je lui donne les dernières nouvelles. Il est dépité. Il sait très bien ce que signifie ce nouveau coup d'arrêt même s'il est persuadé que je suis capable de revenir.

TÉMOIGNAGE
Valérie, ma femme

« Vincent a cette capacité à ne rien lâcher »

« *Vincent, une fois la blessure acceptée et digérée, il passe à la phase suivante,* raconte Valérie Clerc. *Ce qui m'impressionne chez lui, c'est sa capacité à ne jamais rien lâcher. Être capable de surmonter deux opérations au genou et deux ruptures du tendon d'Achille, c'est incroyable. Parfois les médias sont durs dans leurs commentaires. Surtout quand on sait le travail qu'il y a derrière chaque récupération, chaque convalescence. Moi qui travaille dans le milieu médical, je mesure l'ampleur des efforts nécessaires pour un retour à la normale. Je sens aussi arriver la dépression, au bout de deux mois passés à la maison… Après sa première rupture du tendon, nous ne sommes pas retournés à Toulouse pendant de longs mois. Vincent n'avait pas envie qu'on le voie diminué, avec des béquilles. Et puis il y avait eu la séparation douloureuse avec le Stade. Idem pour la deuxième blessure. Il n'allait pas aux entraînements, de peur de croiser les gens et de devoir leur expliquer. Il n'y est retourné que lorsqu'il a remarché normalement. »*

Digéré l'abattement des premiers jours, le moral est vite remonté. Je ne sais pas où je vais mais je fonce dans la vie d'après. Sans me projeter, je vais avancer semaine après semaine. Me laisser la chance de faire une très grosse rééducation. Histoire de ne pas avoir de regret. L'envie revient. Il est trop tôt pour prendre une décision quant à la suite de ma carrière. Dans le temps de la blessure, la seule chose que je maîtrise à peu près, c'est la récupération. Cette fois encore, je mets un plan de bataille en branle pour tenter de revenir une nouvelle (dernière) fois au plus haut niveau.

Je revois Zeba Traoré à Toulouse, ainsi que ma kiné, Alexandra Pallas. Je passe beaucoup de temps avec Matt Giteau, lui aussi convalescent. Et lorsqu'arrive le moment de reprendre la course, je décide de renouveler l'expérience d'un entraîneur d'athlétisme particulier, concluante avec Leslie Djhone à Toulouse. Cette fois-ci, je fais appel à Jacques Piasenta, l'un des meilleurs entraîneurs français. Celui qui a dirigé des centaines d'athlètes, de Guy Drut à Marie-Jo Pérec en passant par Ladji Doucouré, est un référent en matière de motricité sportive. Il habite La Seyne et je le sollicite pour qu'il m'aide lors des séances de course. J'ai besoin de son aval athlétique en matière de vitesse et d'explosivité. Au bout de quelques séances, il me donne son verdict : « Je pense que ça va le faire… » Je commence à voir le bout du tunnel. L'espoir de ne pas finir ma carrière blessé est revenu, malgré mes souffrances et mon moral parfois en berne.

Zeba est quelqu'un avec qui j'échange beaucoup. Il me dit et répète que je ne dois pas traîner ce coup d'arrêt comme un boulet. Qu'une rupture du tendon d'Achille n'écrit pas le mot « fin », même pour un athlète. C'est juste un accident de parcours. « Tu ne peux pas sortir du terrain sans être sur tes deux pieds… Tu dois sortir en courant, sinon en marchant », me dit-il. Comme je partage le même avis, au fond de moi il n'est pas très difficile de me fixer pour nouvel objectif de m'entraîner à nouveau, et de finir ma carrière sur le terrain, qu'il soit de jeu ou d'entraînement ! La nouvelle phase de récupération est intense. Il reste juste un obstacle à lever… mon contrat se termine à la fin de la saison 2016-2017. Est-ce que Toulon va vouloir me garder ?

Je vois Mourad Boudjellal afin d'évoquer mon futur. Et là, sans hésiter trop longtemps, il me signe pour une saison supplémentaire. Je n'ai pas eu besoin de lui donner des garanties sur ma santé ou mon intégrité physique. Je suppose qu'il avait pris ses informations de son côté… C'est une histoire d'hommes. Soit cela se faisait naturellement, spontanément, soit cela ne se faisait pas. Je remercie Mourad Boudjellal car c'est lui qui m'a tendu la main. Deux fois. La première, quand ça n'allait plus avec Toulouse. Et la deuxième fois, alors qu'il avait toutes les raisons d'être déçu de mon passage à Toulon. Il avait recruté un joueur qui n'avait pratiquement pas joué de la saison, qui revenait d'une rupture du tendon d'Achille à 36 ans... Il aurait pu dire que c'était fini, qu'on en restait là. Ce que j'aurais compris. La décision lui appartenait. Et pourtant, au terme de notre discussion, il me tend la main, une deuxième fois.

Tous ces moments ont participé à ma reconstruction. Cette confiance, l'espoir qu'on a pu me donner, à un certain moment, en ne me disant pas : « C'est fini ! », m'ont fait tenir le coup. Le 8 août 2017, un communiqué du RCT annonce que « l'ailier international Vincent Clerc évoluera une saison de plus au Rugby Club Toulonnais après avoir été "engagé au 1er août en tant que joueur sans club". Il était sans contrat depuis la fin de sa saison toulonnaise, et Vincent Clerc fera partie de l'effectif (...) de la saison 2017-2018 ».

Tous les voyants repassent au vert. La rééducation se passe bien. Je suis assuré de pouvoir rejouer au rugby. Il ne me reste qu'à savourer. Dès lors, tout va très vite. Le 11 août, je retrouve le groupe qui affronte Clermont en amical. Après le match, je suis tout sourire. Tout s'est bien passé. Aucune alerte, aucune douleur, que du bonheur.

Après la rencontre, gagnée par le RCT (29-26), je me laisse un peu aller, comme une expiation. Je répète que j'avais envisagé d'arrêter le rugby. La retraite avait été une option... dont je n'avais pas envie, mais j'avais besoin d'être à l'écoute de mon corps. Je me suis donné la chance de revenir, on m'a tendu la main... Désormais je peux regarder devant.

Je suis sur les deux premières feuilles de match de la saison 2017-2018. Contre Pau à Mayol (victoire 41-14), et à... Clermont. Cette fois-ci, il ne m'est rien arrivé au stade Michelin ! J'ai chassé les petites appréhensions que je pouvais avoir en affrontant le club que je considérais un peu comme mon chat noir au niveau des blessures. D'ailleurs, si je devais revenir en arrière, j'ajouterais à mon contrat une clause m'interdisant d'affronter les Auvergnats ! Après la défaite à Clermont (21-16), je sors de l'équipe. Je la retrouverai deux mois plus tard. Juste au moment des fêtes de fin d'année, le 23 décembre, je touche mon cadeau de Noël avant l'heure. Titulaire contre Oyonnax, je marque mon premier essai sous le maillot toulonnais. Le quatre-vingt-dix-neuvième de ma carrière. J'aurais pu atteindre les cent… En deuxième mi-temps, je choisis de ramasser un ballon à la main au lieu de le pousser au pied. Les quelques secondes de perdues ont permis à la défense oyonnaxienne de m'empêcher de marquer.

Pendant les mois de convalescence et de rééducation, l'histoire du record des cent essais ne m'a jamais effleuré l'esprit. J'avais d'autres soucis et priorités en tête. Comme celle de rejouer au rugby pour finir ma carrière sur un terrain. Ou tout simplement de pouvoir courir normalement avec mes gosses, Éloïse et Victor, dans le jardin. Je voulais avant tout rendre à Toulon un petit peu de ce que ce club varois m'avait permis de réaliser. Je culpabilisais de ne pas pouvoir jouer pour le RCT. Je me sentais redevable. Et si le compteur de mes essais devait rester bloqué à 98, je n'y pouvais rien.

C'était le destin ! Cela ne changerait rien à tout ce que j'avais vécu. De toute façon, j'ai toujours considéré que marquer des essais était mon rôle. Celui d'un ailier, d'un finisseur. Toute ma carrière, je n'ai jamais ni pensé, ni cherché, à battre des records. Je ne voulais pas nuire au collectif avec ce genre de truc…

Le match d'après, justement, je suis titulaire pour le déplacement toulousain, à Ernest-Wallon. Forcément, je pense un peu plus au centième. Certainement parce que l'échéance est toute proche. Et puis l'occasion serait belle. Mais le match fermé, cadenassé, la pression mise en défense par les Toulousains empêcheront la réalisation de cette idée un peu folle. Le clin d'œil de l'histoire n'est pas venu de Toulouse mais encore une fois le public et les Toulousains, par leur accueil ont été sensationnels avec moi.

Chapitre 27

100 + 1, qui font 101 essais

10 mars 2018. Je suis titulaire pour la septième fois de la saison à l'aile gauche de l'attaque toulonnaise. Il fait une douceur printanière en ce samedi soir de Top 14 sur la côte varoise. Je savoure chaque instant comme si c'était le dernier. Je sais le dénouement de ma carrière très proche. Chaque minute jouée est un pur bonheur. Une vie de sportif de haut niveau est faite de hauts et de bas. Je suis passé par les deux extrêmes. Alors, être titularisé contre Agen est un véritable plaisir que je ne boude pas. Le centième essai, je n'y pense pas vraiment. Au fond de moi, peut-être un peu… Depuis quelque temps, je ressens un mélange de motivation, parce que j'ai envie de jouer,

de prouver que je ne suis pas fini ; et de frustration aussi parce que je joue peu. Autour de moi, tout le monde me parle de ce record avec tellement d'insistance que l'idée s'est insinuée dans mon esprit. Franchement, le record ne m'a jamais obnubilé. J'ai envie de marquer le centième essai pour remercier le club qui m'a fait confiance. Pour le RCT. Pour remercier également Mourad Boudjellal.

On joue depuis sept minutes et nos « gros », les avants toulonnais, font le boulot. Une avancée de l'infatigable troisième ligne argentin Juan Martin Fernandez-Lobbe – de son vrai nom Juan Martin Fernandez-Lobbe ! – dans les quinze mètres agenais offre au RCT un bon ballon tout de suite exploité par Sébastien Tillous-Bordes, notre demi de mêlée. Il sert Anthony Belleau. J'ai accouru de mon aile me positionner juste derrière notre ouvreur, en position de premier centre. Je vois l'intervalle s'ouvrir. J'ai prévenu Anthony que je suis dans son dos. Il fixe parfaitement le défenseur qui monte sur lui. Je reçois le ballon dans le timing idéal. Il m'offre un beau cadeau. La suite de l'action est du pain bénit. J'ai l'habitude. La défense s'est ouverte. J'accélère, je passe entre trois défenseurs agenais pour inscrire le premier essai du match. Mon centième en championnat ! On joue la huitième minute. Mayol ovationne l'ouverture du score. Quand le public de Toulon réalise que je viens d'égaler le record de Laurent Arbo, j'ai droit à une standing ovation.

Qu'est-ce qui me passe alors par la tête ? Tellement de choses se bousculent.

Je sais que ce record personnel, je ne l'ai pas battu tout seul. Je pense à tous les mecs avec qui j'ai joué et qui m'ont permis d'en arriver là. J'ai eu la chance de faire un bout de chemin avec pas mal de grands joueurs, de jouer dans des équipes qui m'ont offert la possibilité de marquer, de briller. Ça aide. Et puis il y a mon caractère. Ne rien lâcher, jamais. Ce côté obstiné qui m'a permis de revenir après les blessures. J'ai toujours couru après un ballon, la forme, la performance, mais jamais après les records. Je me dis que c'est le destin. Si je dois en marquer d'autres, tant mieux ! Je suis content. Mes coéquipiers sont tous venus me féliciter. Je pense subrepticement que si ça doit en rester à cent, ça fait un chiffre rond. C'est beau.

J'ai bien fait de profiter de ces instants magiques car je ne joue pas les cinq matches qui suivent. Fabien Galthié et Fabrice Landreau ont fait leurs choix. Je n'en fais pas partie. Je décide alors que ce sera ma dernière saison. Je l'annonce sur mon compte instagram. Pas parce que je ne suis pas dans le groupe pour la fin de saison, mais parce que le moment est venu, tout simplement.

Mais je suis titulaire pour le dernier déplacement de la phase régulière, à Pau. Quatre-vingts minutes et c'est fini. Avant le match, les copains me chambrent. Plus le temps avançait dans la saison, vers ma retraite sportive, et plus les piques revenaient avec insistance. Hugo Bonneval, le fils d'Éric, que j'ai vu grandir, est venu me chatouiller. Il me dit que s'il se retrouve dans l'en-but en position de marquer, je dois rester proche de lui. Il m'offrira l'essai ! Le début de match est compliqué. La Section Paloise veut offrir à deux des siens – le centre

All Black Conrad Smith, et le deuxième ligne international Julien Pierre, qui fêtent aussi leur jubilé – une dernière victoire au Hameau. Nous sommes menés 16-0 après vingt-cinq minutes de jeu. Lorsque nous nous réveillons enfin, les avants enchaînent des passes après contact. Le ballon vole de main en main et Tuisova, positionné au centre, offre en tombant une dernière passe décisive à Hugo Bonneval, accouru de l'arrière. Hugo n'a plus qu'à se saisir du ballon pour marquer… Il m'appelle. « Vince, Vince ! » Je ne suis pas très loin puisque l'action s'est déroulée sur mon aile. Il me passe le ballon dans l'en-but et je marque !

La famille, les copains étaient venus me voir et on a terminé cette journée par un pique-nique à minuit sur le parking du stade du Hameau. Joli.

TÉMOIGNAGE

Hugo Bonneval, coéquipier à Toulon

« Il est bienveillant »

« Vincent a toujours été quelqu'un de très gentil avec moi, raconte Hugo Bonneval. *Je le connais depuis très longtemps. Je me souviens qu'un jour, je devais avoir 15-16 ans, il m'avait offert une belle casquette de la marque Corleone. Un truc de jeun's. J'avais dû dire autour de moi que j'adorais sa casquette, il l'avait entendu et me l'avait offerte. Déjà en 2005, lors du Tournoi de Paris à 7, il m'avait offert sa paire de chaussettes après le succès des Bleus. Je lui dois aussi mes premières sélections avec le XV de France. Je suis appelé dans le Tournoi 2014 par Philippe Saint-André parce qu'il se blesse au genou… Et quand j'arrive à Toulon, en début de saison 2017-2018, Vincent a été encore bienveillant avec moi. Il m'a facilité l'intégration dans le vestiaire toulonnais. C'est pourquoi je suis si content que ce soit lui qui détienne le record d'essais inscrits en championnat. J'ai apporté ma petite contribution à cet incroyable exploit et j'en suis fier.*

Avant le match de Pau, on sait tous plus ou moins que ce match sera le dernier de sa carrière. Alors dans le vestiaire, je lui dis que si j'ai la chance de me retrouver en position de marquer, il faut qu'il soit près de moi pour que je lui offre son cent-unième essai et qu'il batte ainsi le record. "Ne sois pas loin !" Il se marrait. Mais j'insiste : "Si je dois ressortir de l'en-but pour te donner le ballon, je ressors te chercher..." Je n'en ai rien à foutre de marquer. Surtout que je ne battrai jamais son record ! Si j'avais eu des chances de faire mieux que cent, peut-être que... Juste avant la demi-heure, Tuisova relève le ballon devant la ligne d'essai paloise et je le récupère pour me retrouver dans l'en-but. J'appelle Vince, il est là. Je lui offre le ballon et il marque. Pas sûr que j'aurais eu le même geste avec quelqu'un d'autre... »

Je le répète, devenir recordman d'essais du Top 14 n'a jamais été vraiment un objectif. Mais le constat que je fais c'est de me dire que si je suis arrivé jusque-là... c'est que j'ai accompli un bon bout de chemin. Et pris pas mal de plaisir.

Me reviennent à l'esprit les premiers essais. Ils sont plus importants que les autres, surtout quand tu es jeune et que tu débarques dans un nouveau club. Celui inscrit à Perpignan, mon premier en Top 16[1] fut certainement le plus important. Il intervenait au cours de mon premier match sous le maillot toulousain, lors de la première journée après une percée de Fred Michalak sur le côté gauche ; je raffûte mon vis-à-vis Pascal Bomati avant de m'écrouler derrière la ligne. Cet essai est important à mes yeux pour plusieurs raisons : on me donne ma chance tout de suite en début de saison, les internationaux de Toulouse étant partis en tournée au cours de l'été avec le XV de France ; en inscrivant cet essai, je validais un peu le recrutement du Stade Toulousain. Et puis, les trois essais de la saison 2017-2018, ma dernière, gardent une saveur spéciale. Quand tu reviens d'une grave blessure au tendon d'Achille, à 36 ans, et que l'on te

1. Le 31 août 2002, à Aimé-Giral, Toulouse affrontait Perpignan pour le compte de la première journée du Top 16 2002-2003. Victoire de l'USAP (32-17) et premier essai en position d'ailier gauche (47e).

redonne ta chance, tu apprécies ces moments. J'ai consenti beaucoup, beaucoup d'efforts pour revenir au plus haut niveau. Ça demande énormément d'énergie, alors oui, ces trois-là, les trois derniers, je les ai savourés avec peut-être encore un peu plus de gourmandise que les autres.

TÉMOIGNAGE
Laurent Arbo, ancien détenteur du record d'essais

« Mais d'où il sort, celui-là ? »

« Quand je repense à Vincent Clerc, je rajeunis. Je jouais à Montpellier, lui venait d'arriver à Toulouse. Je revois très bien son casque bleu et rouge serré sur une tête de minot, se marre Laurent Arbo. *Mais dès qu'il s'est mis à courir, je n'en revenais pas. Je me disais : "Mais d'où il sort, lui ?" J'aime bien regarder la façon de courir des joueurs. Ça donne des indications sur leur vitesse de course, leurs appuis, leur potentiel. Lui ne levait pas les genoux. Il avait une grande fréquence de foulées. Les véritables sprinteurs sont ceux qui obtiennent les meilleurs*

résultats de l'équation "fréquence + amplitude". Vincent n'avait pas d'amplitude dans ses foulées. En revanche, il travaillait beaucoup sur la fréquence. On voyait qu'il avait fait du bon travail sur les appuis au sol. Ce qui lui donnait beaucoup de stabilité et lui permettait de résister aux « scuds » que lui envoyaient les défenseurs adverses. Et c'est finalement logique qu'un ailier comme lui ait marqué autant d'essais. Moins la foulée est aérienne et plus elle pourra être efficace lors des crochets réalisés et des changements de direction.

La première fois que j'ai joué contre le Stade Toulousain, c'était la saison où nous sommes remontés en première division, en 2003-2004 ; le premier match de la saison était un Montpellier-Toulouse. Nous avons gagné 50-31 ! Il a marqué, moi aussi. Si j'avais su, je serais allé le plaquer sur son aile, ça lui en aurait fait un de moins au compteur... À propos du record d'essais, on en a beaucoup parlé ensemble lors de la Coupe du monde 2011 en Nouvelle-Zélande. J'étais l'un des préparateurs physiques du XV de France et je chambrais Aurélien (Rougerie) et Vincent, les deux qui pouvaient battre mon record d'essais.

Je leur disais : "Les mecs, je suis barge, je suis en train de vous préparer pour que vous puissiez battre mon record ! Je me file vraiment des coups de bâton..." On se marrait beaucoup là-dessus. J'ai revu Vincent ensuite. Quand il était convalescent, après sa deuxième rupture du tendon d'Achille, il est venu s'entraîner chez moi, à Muret, où j'ai ouvert un centre de remise en forme. Là, pareil, je l'ai aidé à retrouver ses sensations pour qu'il batte le record. J'ai été complètement fou ! Ça nous a beaucoup fait rire... »

Je me dis que c'est simplement le destin, mon destin. Marquer des essais a toujours été un réel plaisir même si ça n'a jamais été ma priorité. Ça me plaisait juste de terminer le travail de l'équipe. Je regrette certains qui m'ont été refusés. J'en ai en tête quelques-uns qui ne m'ont pas été accordés alors que je pense qu'ils étaient valables. Si ça se trouve, je serais à 103 essais ! Mais si ça se trouve aussi, avec la vidéo telle qu'elle est utilisée aujourd'hui, d'autres n'auraient pas été validés. Alors...

Chapitre 28

J'irai au bout de mes rêves

Il m'a souvent été posé la question de savoir si j'aimerais devenir entraîneur après ma carrière de jouer. J'ai répondu que non. J'ai envie de faire tellement de choses, de découvrir des activités que je n'ai pas eu le loisir de pratiquer durant ma carrière… Je n'ai pas envie de devenir entraîneur. En tout cas pas pour l'instant.

Je me suis fixé pour objectif des missions. Certaines pour lesquelles je suis déjà investi, comme la société Team One Group créée avec mes amis Grégory Lamboley et Philippe Spanghero ; X Body, avec Clément Poitrenaud ; Bros Stories avec Blaise Matuidi et Boris Diaw. Tout cela me demandera du temps et de l'engagement. Depuis plusieurs années, j'anime tous les étés au mois de juillet un stage de rugby pour les gamins au TUC (Toulouse Université Club). Je suis le parrain d'une association, « Dessine-moi une maison », dans laquelle je vais poursuivre mon envie d'aider les autres. J'ai quelques contrats d'image en cours avec des sociétés (Nike, Eden Park, Gedimat, Petrol Hahn, Sothys).

Dès ma retraite sportive annoncée, j'ai entamé une collaboration avec Canal+ pour commenter et analyser les matches du Top 14. C'est un exercice nouveau, passionnant, qui demande quelques ajustements par rapport aux habitudes prises. Il faut trouver un ton, une ligne directrice, un positionnement. J'aime l'idée de rester au contact du sport qui m'a fait être ce que je suis. Le rugby, j'ai suivi son évolution, sa courbe directionnelle. En dix-sept ans de pratique au plus haut niveau, j'ai vu changer son univers, ses mœurs et ses coutumes. À mes débuts, le rugby était déjà professionnel, mais les moyens mis en œuvre n'avaient rien à voir avec ceux dont le rugby dispose actuellement. L'argent n'a jamais été mon moteur, mais on peut dire aujourd'hui qu'un rugbyman professionnel peut gagner très bien sa vie, en faire son métier, chose qui n'effleurait même pas l'esprit quand j'ai commencé à jouer avec le FC Grenoble, en 2001…

J'ai eu la chance de démarrer dans deux clubs bien structurés. Le centre de formation du FC Grenoble, où je suis rentré en 1999, était reconnu comme l'un des plus performants en France. Et quand j'ai quitté Grenoble pour Toulouse, j'ai encore franchi un palier puisque je rejoignais LE club modèle du rugby français. Il est alors difficile pour moi d'affirmer que tout a changé dans le rugby parce que j'ai eu cette chance d'intégrer ce qui se faisait de mieux dans mon sport. À Toulouse, je me souviens d'avoir été impressionné par le dispositif mis en place autour de l'équipe première : nous avions trois entraîneurs, des spécialistes pour chaque aspect spécifique, deux qui venaient de l'athlétisme (Dominique Hernandez et Zeba Traoré), un chargé de la musculation (Thierry Savio), deux médecins, trois kinés. C'était en 2002.

Les évolutions se sont faites ensuite petit à petit. On a augmenté le confort des joueurs. Mais paradoxalement on a diminué le nombre de séances, pour permettre aux joueurs de mieux récupérer. On a vu apparaître des pratiques différentes comme la journée continue, pour essayer de casser la routine ; ou la suppression de la mise au vert des jours de match, sur le modèle anglo-saxon. Les joueurs passent suffisamment de temps ensemble, pas la peine de leur imposer un déjeuner en commun le dimanche midi. On innove sans cesse. Physiquement, bien sûr que le jeu a changé, mais c'est parce que les joueurs s'entraînent mieux. Ils sont plus rapides, plus costauds, ce qui augmente les risques d'accident. Le rugby a toujours été un sport risqué. Les contacts ont toujours existé. Les progrès viendront certainement de la prévention, du suivi médical. Il est déjà bien fait mais on peut faire mieux encore...

Dire que le rugby est moins intéressant aujourd'hui, je ne pense pas. On arrive à voir encore de beaux matches, de beaux essais, de belles actions. On me dit qu'il y a trop de séances vidéo, d'appel fait à la vidéo. On analyse l'analyse de l'analyse. Mais c'est aussi une façon de faire progresser le sport et ceux qui le pratiquent. Vouloir s'améliorer en devinant ce que l'adversaire veut faire a toujours existé. Je me souviens d'Yves Pinotti au centre de formation à Grenoble, qui filmait tout avec sa caméra. Ou Serge Laïrle, l'ancien entraîneur des avants du Stade qui passait un temps fou à visionner des cassettes VHS. Les moyens ont changé. Ils sont plus modernes. On peut dire que le rugby, lui aussi, est devenu un sport plus moderne. Et j'ai toujours autant de plaisir à le regarder. J'aime cette idée.

J'espère aussi que l'arrêt de ma carrière me permettra de vivre plein de nouvelles aventures : familiales, personnelles et sportives. J'ai commencé le piano pour m'amuser. Pourquoi ne pas le reprendre et continuer avec ma fille ? Je joue au paddle-tennis avec Greg, j'aimerais courir des trails avec mes potes, refaire du ski (laissé de côté pendant 17 ans), plein de choses. Et puis des opportunités se présenteront. J'en saisirai certainement quelques-unes.

Savoir ce que je ferai après une carrière sportive aussi riche ? Un peu prématuré pour apporter une réponse précise. Je vais répondre par les paroles d'une chanson de Jean-Jacques Goldman :

« *J'irai au bout de mes rêves, tout au bout de mes rêves... où la raison s'achève...* »

ANNEXES

Une carrière en chiffres

Né le 7 mai 1981, à Échirolles
1,78 m
87 kg
Poste : 3/4 aile

PALMARÈS

Champion de France : 2008, 2011, 2012
Vainqueur du Tournoi des VI Nations : 2004, 2007, 2010 (Grand Chelem en 2004 et 2010)
Vainqueur de la Coupe d'Europe : 2003, 2005, 2010

Finaliste : Coupe du Monde 2011, Championnat 2017
Vice-champion de France de Pro D2

DISTINCTIONS

Meilleur marqueur du Championnat de France (101)

Meilleur marqueur français en Coupe du monde (11)

Meilleur marqueur de la Coupe du monde 2011 (6, à égalité avec Chris Ashton)

36 essais marqués en Coupe d'Europe (2e derrière Chris Ashton)

34 essais marqués en équipe de France (2e derrière Serge Blanco, 38)

11 essais marqués en Coupe du monde

11 essais marqués dans le Tournoi des VI Nations

PRO D2

FC GRENOBLE
Saison 2001-2002

1er septembre : Grenoble-Tyrosse : 29-22
8 septembre : Montpellier-Grenoble : 23-10 **T**
15 septembre : Bayonne-Grenoble : 20-18 **T** (1 essai, 55e)
Repart jouer avec les Espoirs (match énorme contre le Racing Métro 92)
22 septembre : Grenoble-Rumilly : 28-9
30 septembre : Grenoble-Brive : 23-17
6 octobre : Mont-de-Marsan-Grenoble : 25-10 **R** (35e-41e)
13 octobre : Grenoble-Auch : 21-17
19 octobre : Tarbes-Grenoble : 29-12
27 octobre : Grenoble-Tours : 48-6
3 novembre : Aurillac-Grenoble : 13-29 **T** (1 essai, 11e)
9 novembre : Grenoble-Racing Métro : 50-25 **T** (1 essai, 71e)
2 décembre : Aubenas-Grenoble : 6-13
15 décembre : Grenoble-Périgueux : 50-0 **T** (1 essai, 45e)
7 janvier 2002 : Marmande-Grenoble : 25-30 **T** (2 essais, 25e, 80e + 3')
12 janvier : Toulon-Grenoble : 12-31 **T**

20 janvier : Tyrosse-Grenoble : 24-24 **T**
27 janvier : Grenoble-Montpellier : 36-16
10 février : Grenoble-Bayonne : 30-16
24 février : Rumilly-Grenoble : 12-29 **T** (1 essai, 45e)
9 mars : Brive-Grenoble : 27-15
16 mars : Grenoble-Mont-de-Marsan : 30-16 **T** (1 essai, 69e)
30 mars : Auch-Grenoble : 26-43
14 avril : Grenoble-Tarbes : 29-9
20 avril : Tours-Grenoble : 15-27
28 avril : Grenoble-Aurillac : 43-16 **T** (1 essai, 31e)
4 mai : Grenoble-Aubenas : 35-12
11 mai : Racing Métro-Grenoble : 12-30 **T** (1 essai, 74e)
18 mai : Périgueux-Grenoble : 21-30
25 mai : Grenoble-Marmande : 64-7
2 juin : Grenoble-Toulon : 25-22
Le FC Grenoble, 2e de Pro D2 (98 points) derrière Mont-de-Marsan (102 points), accède en Top 16.

Vincent CLERC marque **10 essais** sur les 107 inscrits par les Grenoblois. Il est le quatrième marqueur du club derrière Messina (14), Bertrand (13), Lubbe (11), à égalité avec Tonita (10)

CHAMPIONNAT

STADE TOULOUSAIN
Saison 2002-2003

Phase 1 (Poule 2)
31 août : USAP-Toulouse : 31-17 **T** (*1 essai, 47e*)
7 septembre : Toulouse-Narbonne : 32-24
14 septembre : Mont-de-Marsan-Toulouse : 6-42 **R** (53e)
21 septembre : Toulouse-Colomiers : 12-6 **T**
28 septembre : Pau-Toulouse : 20-20 **R** (73e) (*1 essai, 78e*)
5 octobre : Toulouse-Béziers : 39-19 **T**
26 octobre : Agen-Toulouse : 27-19 **R**
2 novembre : Toulouse-USAP : 43-20 **T** (70e) (*1 essai, 52e*)
30 novembre : Narbonne-Toulouse : 16-31 **T**
21 décembre : Toulouse-Mont-de-Marsan : 36-11 **T** (*1 essai, 4e*)
25 janvier 2003 : Colomiers-Toulouse : 18-38 **T** (*1 essai, 56e*)
1er février : Toulouse-Pau : 28-16 **T** (*1 essai, 58e*)
8 février : Béziers-Toulouse : 15-18 **R** (62e)
1er mars : Toulouse-Agen : 27-6
Phase 2 (Poule A)
15 mars : Biarritz-Toulouse : 22-15 **T**

5 avril : Toulouse-Bourgoin : 37-19 **T**
19 avril : Pau-Toulouse : 33-55 **R** (57e) (*2 essais, 70e et 80e*)
3 mai : Toulouse-Pau : 58-23 **T**
10 mai : Toulouse-Biarritz : 34-20
17 mai : Bourgoin-Toulouse : 82-19 **T**

Demi-finale (à Montpellier)
31 mai : Toulouse-Agen : 22-16 **T**

Finale
7 juin : Stade Français-Toulouse : 32-18 **T**

19 matchs joués : 14 T, 5 R.
9 essais

SAISON 2003-2004

Phase 1 (Poule 2)
10 octobre : Montpellier-Toulouse : 50-31 **T** (*1 essai*)
17 octobre : Toulouse-Béziers : 27-25 **T** (*1 essai*)
24 octobre : Montauban-Toulouse : 15-18 **T**
29 novembre : Toulouse-Narbonne : 25-5 **T**
19 décembre : Grenoble-Toulouse : 26-40 **T**
30 décembre : Toulouse-USAP : 24-16 **R** (60e)
4 janvier 2004 : Biarritz-Toulouse : 37-20 **T** (*1 essai, 65e*)

6 février : Toulouse-Montpellier : 35-9 **T** (*2 essais, 28e et 75e*)
27 février : Béziers-Toulouse : 15-14 **R** (69e)
13 mars : Toulouse-Montauban : 25-20 **R** (60e)
3 avril : Narbonne-Toulouse : 15-21 **T**
16 avril : Toulouse-Grenoble : 52-24 **R** (71e)
28 avril : USAP-Toulouse : 32-3
30 avril : Toulouse-Biarritz : 36-30 **T** (*1 essai, 22e*)

Phase 2 (Poule B)
7 mai : Brive-Toulouse : 9-29 **T** (80e en N° 9)
14 mai : Toulouse-Stade Français : 18-24 **T**
21 mai : Biarritz-Toulouse : 25-26 **T**
28 mai : Toulouse-Biarritz : 25-18 **T**
5 juin : Toulouse-Brive : 21-8 **T**
12 juin : Stade Français-Toulouse : 49-17 **T**

Demi-finale (à Montpellier)
20 juin : USAP-Toulouse : 18-16 **T**

20 matchs joués : 16 T, 4 R
6 essais

SAISON 2004-2005
TOP 16
18 août : Pau-Toulouse : 28-16
23 août : Toulouse-USAP : 24-21 **T**

29 août : Béziers-Toulouse : 28-22 **R**
4 septembre : Toulouse-Bayonne : 46-27 **T**
11 septembre : Montpellier-Toulouse : 22-23 **T** (80e dont 36 minutes en N° 9)
18 septembre : Grenoble-Toulouse : 13-22 **T** (60e)
25 septembre : Toulouse-Biarritz : 26-25
2 octobre : Brive-Toulouse : 16-27
9 octobre : Toulouse-Bourgoin : 39-5
16 octobre : Clermont-Toulouse : 26-22 **T** (53e) (*1 essai, 20e*)
6 novembre : Toulouse-Stade Français : 32-16 **T** (*2 essais, 42e et 80e*)
13 novembre : Toulouse-Narbonne : 8-16 **T**
19 novembre : Castres-Toulouse : 21-20 **T**
27 novembre : Toulouse-Agen : 21-20 **T**
17 décembre : Auch-Toulouse : 12-21 **T** (80e dont 13 minutes en N° 9)
23 décembre : Toulouse-Pau : 39-6 **R** (63e)
22 janvier 2005 : USAP-Toulouse : 18-16 **R** (48e)
29 janvier : Toulouse-Béziers : 46-10 **T** (50e)
5 février : Bayonne-Toulouse : 18-15 **T**
19 février : Toulouse-Montpellier : 64-26 **T** (65e)
25 février : Toulouse-Grenoble : 36-3 **T**
5 mars : Biarritz-Toulouse : 20-18 **T**
25 mars : Toulouse-Brive : 71-3 **T**
9 avril : Bourgoin-Toulouse : 22-6 **T**
15 avril : Toulouse-Clermont : 28-10 **T**

30 avril : Stade Français-Toulouse : 40-19 **R** (63e)
6 mai : Narbonne-Toulouse : 27-52 **T** (74e)
14 mai : Toulouse-Castres : 47-20 **T** (80e dont 18 minutes en N° 9)
10 mai : Agen-Toulouse : 55-11
28 mai : Toulouse-Auch : 39-6 **T** (80e dont 51 minutes en N° 9)
Demi-finale (à Bordeaux)
3 juin : Stade Français-Toulouse : 23-18 **R** (75e)

26 matchs joués : 21 T, 5 R
12 essais

SAISON 2005-2006
TOP 14
20 août 2005 : Bayonne-Toulouse : 12-26 **T**
27 août : Toulouse-Pau : 52-9 **T** *(2 essais, 17e, 39e)*
3 septembre : Montpellier-Toulouse : 12-24 **R** (64e)
10 septembre : Toulouse-Narbonne : 64-22 **T** *(2 essais, 35e, 47e)*
16 septembre : Toulon-Toulouse : 15-18 **T**
23 septembre : Toulouse-USAP : 30-22
1er octobre : Agen-Toulouse : 16-33 T *(1 essai, 46e)*
8 octobre : Toulouse-Biarritz : 26-20
15 octobre : Stade Français-Toulouse : 29-15 **T**
11 novembre : Toulouse-Castres : 29-24 **T** *(1 essai, 29e)*

18 novembre : Clermont-Toulouse : 28-22 **T**
3 décembre : Brive-Toulouse : 10-9 **T**
23 décembre : Toulouse-Bourgoin : 29-19
7 janvier 2016 : Toulouse-Bayonne : 13-19
28 janvier : Pau-Toulouse : 13-27
11 février : Toulouse-Montpellier : 13-5 **T**
18 février : Narbonne-Toulouse : 27-19 **T**
4 mars : Toulouse-Toulon : 53-0 **T** *(2 essais, 25e, 75e)*
18 mars : USAP-Toulouse : 15-13 **T**
24 mars : Toulouse-Agen : 19-7 **T**
8 avril : Biarritz-Toulouse : 29-20
15 avril : Toulouse-Stade Français : 15-0
28 avril : Castres-Toulouse : 24-44
5 mai : Toulouse-Clermont : 26-11
13 mai : Toulouse-Brive : 37-27 **T** *(1 essai, 56e)*
27 mai : Bourgoin-Toulouse : 12-37 **T** *(2 essais, 57e, 70e)*

Demi-finale (à Lyon)

3 juin : Toulouse-Stade Français : 12-9 **T** (70e) *Béquille*

Finale (Stade de France)

10 juin : Biarritz-Toulouse : 40-13

16 matchs joués : 16 T
11 essais

SAISON 2006-2007
TOP 14

19 août 2006 : Brive-Toulouse : 9-24 **T** (67e)
26 août : Toulouse-Albi : 23-0 **T**
30 août : Montauban-Toulouse : 19-24 **T**
3 septembre : Toulouse-Biarritz : 20-3 **T**
9 septembre : USAP-Toulouse : 30-17
16 septembre : Toulouse-Stade Français : 12-16 **T**
22 septembre : Montpellier-Toulouse : 9-9
26 septembre : Toulouse-Castres : 35-3 **T** *(1 essai, 29e)*
30 septembre : Clermont-Toulouse : 46-9 **R**
7 octobre : Toulouse-Narbonne : 40-34 **T** *(1 essai, 77e)*
14 octobre : Bayonne-Toulouse : 9-20 **T** *(1 essai, 64e)*
4 novembre : Agen-Toulouse : 24-16 **T**
10 novembre : Toulouse-Bourgoin : 25-15 **T**
18 novembre : Toulouse-Brive : 26-29 **T** (67e)
24 novembre : Albi-Toulouse : 13-13 **T** (joue en N° 9)
2 décembre : Toulouse-Montauban : 30-21 **T** (43e)
23 décembre : Biarritz-Toulouse : 16-21
6 janvier 2007 : Toulouse-USAP : 16-12 **T**
27 janvier : Stade Français-Toulouse : 22-20 **T** *(Stade de France)*
24 mars : Toulouse-Montpellier : 28-10 **T** (59e) *(1 essai, 8e)*
7 avril : Castres-Toulouse : 19-35 **T**
13 avril : Toulouse-Clermont : 24-7 **T**

27 avril : Narbonne-Toulouse : 10-41 **T** *(1 essai, 74e)*
5 mai : Toulouse-Bayonne : 47-28 **T** (41e) *(1 essai, 29e)*
11 mai : Toulouse-Agen : 47-0 **T**
26 mai : Bourgoin-Toulouse : 20-21 **T** *(1 essai, 74e)*
Demi-finale (Marseille)
2 juin : Clermont-Toulouse : 20-15 **T**

24 matchs joués : 21 T, 3 R
7 essais

SAISON 2007-2008
(Coupe du monde 2007 en France)
TOP14
26 octobre 2007 : Dax-Toulouse : 10-15
3 novembre : Toulouse-Stade Français : 28-9 **T** *(2 essais, 8e, 79e) Stadium*
24 novembre : Biarritz-Toulouse : 6-18
1er décembre : Toulouse-Albi : 33-12 **T**
21 décembre : Clermont-Toulouse : 21-17 **R** (41e)
6 janvier 2008 : Toulouse-Castres : 44-23 **T** *(3 essais, 49e, 56e, 64e)*
25 janvier : Auch-Toulouse : 3-34
2 février : Toulouse-Montpellier : 35-13
9 février : Montauban-Toulouse : 12-16
16 février : Toulouse-USAP : 41-15 **T** *(2 essais, 59e, 74e)*

23 février : Toulouse-Brive : 51-3
1er mars : Bourgoin-Toulouse : 30-23 **T** (51e)
8 mars : Bayonne-Toulouse : 10-25
15 mars : Toulouse-Dax : 58-5
22 mars : Stade Français-Toulouse : 29-0 *(Stade de France)*
28 mars : Toulouse-Biarritz : 12-6 **T**
12 avril : Albi-Toulouse : 13-20 **R** (69e)
19 avril : Toulouse-Clermont : 11-23 **T** (67e) **(Ligaments genou gauche)**

Finale (Stade de France) :
28 juin : Toulouse-Clermont : 26-20

9 matchs joués : 8 T, 1 R
7 essais

SAISON 2008-2009
TOP 14
20 décembre 2008 : Toulouse-Mont de Marsan : 27-6 **T** (67e)
3 janvier 2009 : Toulouse-Montpellier : 34-0 **T**
9 janvier : Dax-Toulouse : 9-25 **T**
31 janvier : Biarritz-Toulouse : 17-13 **T**
22 février : Toulouse-Clermont : 20-13 **T** *(1 essai, 43e)*
28 février : Toulouse-Montauban : 9-6 **T**
6 mars : USAP-Toulouse : 32-8

14 mars : Toulouse-Castres : 26-11 **T** (74e)
29 mars : Toulouse-Stade Français : 15-11 **T** (68e)
4 avril : Brive-Toulouse : 10-42
18 avril : Toulon-Toulouse : 14-6 **R** (43e)
25 avril : Toulouse-Bourgoin : 13-6 **T**
9 mai : Bayonne-Toulouse : 9-12 **T**
16 mai : Mont de Marsan-Toulouse : 8-60 **T** *(1 essai, 57e)*

Demi-finale (Bordeaux)
29 mai : Clermont-Toulouse : 19-9 **T**
13 Matchs joués : 12 T, 1 R
2 essais

SAISON 2009-2010
TOP 14
15 août : Montauban-Toulouse : 16-17
22 août : Toulouse-Brive : 38-0 **T** *(1 essai 68e)*
29 août : USAP-Toulouse : 17-15 **T**
2 septembre : Toulouse-Bayonne : 21-17 **R** (51e)
6 septembre : Clermont-Toulouse : 19-12 **T**
12 septembre : Toulouse-Albi : 19-13 **R** (50e)
20 septembre : Toulon-Toulouse : 18-13 **T** *(Marseille)*
26 septembre : Toulouse-Stade Français : 9-9 **R** (67e)
3 octobre : Montpellier-Toulouse : 12-30 **T** *(1 essai, 13e)*

24 octobre : Toulouse-Biarritz : 23-3 **T** *(1 essai, 37e)*
31 octobre : Racing 92-Toulouse : 27-20 **T** (41e)
5 novembre : Toulouse-Bourgoin : 41-3
21 novembre : Castres-Toulouse : 30-10
28 novembre : Toulouse-Montauban : 17-12
6 décembre : Brive-Toulouse : 27-21
30 décembre : Toulouse-USAP : 22-11 **R** (74e) *(Stadium)*
3 janvier 2010 : Bayonne-Toulouse : 13-15 **T**
10 janvier : Toulouse-Clermont : 15-16 **T** (75e) *(1 essai, 23e)*
28 janvier : Albi-Toulouse : 6-24 **R**
20 février : Toulouse-Toulon : 3-6
6 mars : Stade Français-Toulouse : 0-29
12 mars : Toulouse-Montpellier : 34-3 **T** *(1 essai, 30e)*
27 mars : Biarritz-Toulouse : 26-10 **T**
2 avril : Toulouse-Racing 92 : 28-23 **T**
17 avril : Bourgoin-Toulouse : 15-13 **T**
24 avril : Toulouse-Castres : 25-17 **R**

Barrages (Stadium)

8 mai : Toulouse-Castres : 35-12 **T** *(2 essais, 16e, 65e)*

Demi-finale (Montpellier)

14 mai : USAP-Toulouse : 21-13 **R**

21 matchs joués : 14 T, 7 R
7 essais

SAISON 2010-2011
TOP 14

13 août 2010 : Toulouse-Agen : 44-24
21 août : Castres-Toulouse : 22-16 **T**
28 août : Toulouse-Stade Français : 34-16 **T** *(1 essai, 55e) Stadium*
1er septembre : Montpellier-Toulouse : 22-21 **R** (51e)
5 septembre : Toulouse-La Rochelle : 50-3 **T**
11 septembre : Biarritz-Toulouse : 25-20 **T**
17 septembre : Toulouse-Bayonne : 29-20 **T**
25 septembre : Brive-Toulouse : 16-16
2 octobre : Toulouse-Racing Métro 92 : 28-23 **T** *(Stadium)*
23 octobre : Toulouse-USAP : 38-29 **T** *(1 essai, 37e) Stadium*
30 octobre : Toulouse-Toulon : 44-5 **T** *(1 essai, 10e)*
4 novembre : Bourgoin-Toulouse : 11-35 **T** *(1 essai, 49e)*
4 décembre : Clermont-Toulouse : 32-25
29 décembre : Agen-Toulouse : 8-25 **T** *(1 essai, 18e)*
2 janvier 2011 : Toulouse-Castres : 23-16 **T** (48e) *(Quitte le stade pour la maternité. Naissance d'Eloïse)*
8 janvier : Stade Français-Toulouse : 31-3 **T**
27 janvier : Toulouse-Montpellier : 29-9 **T**
11 février : La Rochelle-Toulouse : 19-22

19 février : Toulouse-Biarritz : 23-19
5 mars : Bayonne-Toulouse : 19-13 **R** (68e) *(1 essai, 80e + 1')*
12 mars : Toulouse-Brive : 23-22
26 mars : Racing Métro 92-Toulouse : 43-21 **T**
1er avril : USAP-Toulouse : 24-25
16 avril : Toulon-Toulouse : 21-9
23 avril : Toulouse-Bourgoin : 33-0 **T** *(2 essais, 6e, 12e)*
7 mai : Toulouse-Clermont : 15-6 **R** (65e)

Demi-finale (Marseille)
27 mai : Toulouse-Clermont : 29-6
Finale (Stade de France)
4 juin : Toulouse-Montpellier : 15-10 **R** (64e)

15 matchs joués : 15 T, 4 R
8 essais

SAISON 2011-2012
(Coupe du monde en Nouvelle Zélande)
TOP 14
26 novembre 2011 : Brive-Toulouse : 9-9 **T**
3 décembre : Toulouse-Toulon : 33-12 T (1 essai, 59e)
23 décembre : Montpellier-Toulouse : 25-45 **T** *(carton jaune (14e), bagarre avec Gorgodze)*

30 décembre : Toulouse-Bayonne : 30-15 **T**
7 janvier 2012 : Toulouse-Lyon : 51-10
28 janvier : Racing Métro 92-Toulouse : 13-19
10 février : Biarritz-Toulouse : 15-20
18 février : Toulouse-Agen : 21-10 **R** (57e)
3 mars : Clermont-Toulouse : 35-5
10 mars : Toulouse-Castres : 34-27
23 mars : Bordeaux Bègles-Toulouse : 18-17
31 mars : Stade Français-Toulouse : 18-22
13 avril : USAP-Toulouse : 25-10
21 avril : Toulouse-Brive : 30-21 **T** *(1 essai, 17e)*
5 mai : Toulon-Toulouse : 25-22 **T** *(1 essai, 24e)*
12 mai : Toulouse-Montpellier : 20-13 **T**

Demi-finale (Stadium)
2 juin : Toulouse-Castres : 24-15 **T**
Finale (Stade de France)
9 juin : Toulouse-Toulon : 18-12 **T**

10 matchs joués : 9 T, 1 R
3 essais, 1 carton jaune

SAISON 2012-2013
TOP 14
17 août 2012 : Toulouse-Castres : 23-22 **T**
25 août : Toulouse-Mont de Marsan : 37-22 **T** *(1 essai, 13e)*

1er septembre : Biarritz-Toulouse : 22-17 **T** *(1 essai, 79e)*

8 septembre : Toulouse-Agen : 62-13 **T** *(2 essais, 25e, 65e)*

15 septembre : USAP-Toulouse : 34-20 **T** *(stade Montjuich à Barcelone)*

21 septembre : Bayonne-Toulouse : 6-35 **T**

29 septembre : Toulouse-Toulon : 32-9 **T**

6 octobre : Bordeaux Bègles-Toulouse : 32-34

27 octobre : Stade Français-Toulouse : 28-24 T (1 essai, 27e)

1er novembre : Toulouse-Racing Métro 92 : 32-13 **T** *(1 essai, 74e)*

9 novembre : Toulouse-Montpellier : 27-9

1er décembre : Toulouse-Clermont : 30-22

22 décembre : Grenoble-Toulouse : 15-6 **T**

30 décembre : Castres-Toulouse : 16-18 **T** *(carton jaune (64e), accrochage avec Dulin)*

5 janvier 2013 : Mont de Marsan-Toulouse : 12-16

25 janvier : Toulouse-Biarritz : 19-14 **T** (60e)

9 février : Agen-Toulouse : 22-9

15 février : Toulouse-USAP : 18-19 *(1000e de Guy Novès au ST)*

23 février : Toulouse-Bayonne : 42-6

2 mars : Toulon-Toulouse : 35-16 **T** (61e)

9 mars : Toulouse-Bordeaux Bègles : 33-32

24 mars : Toulouse-Stade Français : 43-16 **T** *(1 essai, 51e)*
30 mars : Racing Métro 92-Toulouse : 26-27 **T** *(2 essais, 57e, 80e)*
13 avril : Montpellier : 10-8 **T**
20 avril : Clermont-Toulouse : 39-17 **T** (52e, **rupture des ligaments genou droit**)

Barrages (Stadium)
10 mai : Toulouse-Racing Métro 92 : 33-19
Demi-Finale (Nantes)
24 mai : Toulon-Toulouse : 24-9

16 matchs : 16 T
9 essais (1 carton jaune)

SAISON 2013-2014
TOP 14
25 janvier 2014 : Toulon-Pau : 25-5 **T**
8 février : Toulouse-Montpellier : 12-15 **T**
15 février : Biarritz-Toulouse : 6-16 **T**
23 février : Castres-Toulouse : 27-29 **T** *(2 essais, 30e, 80e)*
1er mars : Toulouse-USAP : 37-9 **T** *(1 essai, 67e)*
22 mars : Stade Français-Toulouse : 27-27 **T**
29 mars : Toulon-Toulouse : 32-28 **T**

12 avril : Toulouse-Brive : 16-9 **T**
19 avril : Oyonnax-Toulouse : 19-19 **R** (57e)
3 mai : Toulouse-Grenoble : 38-8 **T** (26e)

Barrage (Stadium)
9 mai : Toulouse-Racing Métro 92 : 16-21

10 matchs : 9 T, 1 R
3 essais

SAISON 2014-2015
TOP 14
16 août : Toulouse-Oyonnax : 20-19 **T**
22 août : Toulouse-Castres : 35-6
30 août : La Rochelle-Toulouse : 37-25 **T**
6 septembre : Brive-Toulouse : 26-19
13 septembre : Toulouse-Clermont : 9-13
20 septembre : Racing Métro 92-Toulouse : 27-16 **T** *(1 essai, 46e)*
26 septembre : Bayonne-Toulouse : 35-19 **T** *(remplacé temporairement (63e-69e)*
4 octobre : Toulouse-Stade Français : 22-10 **T**
12 octobre : Toulouse-Toulon : 21-10
1er novembre : Lyon-Toulouse : 17-41 **T** *(1 essai, 25e)*
8 novembre : Bordeaux Bègles-Toulouse : 20-21 **T**
29 novembre : Toulouse-Grenoble : 22-25 **T**

20 décembre : Montpellier-Toulouse : 23-20 **T** *(2 essais, 40e + 1', 42e)*
28 décembre : Toulouse-Racing Métro 92 : 15-9 **T**
4 janvier 2015 : Clermont-Toulouse : 24-6
10 janvier : Toulouse-La Rochelle : 29-26 **T**
31 janvier : Castres-Toulouse : 9-13 **T** (80e + 1')
21 février : Toulouse-Lyon : 23-20 **T**
6 mars : Oyonnax-Toulouse : 9-3 **T** (64e)
14 mars : Toulouse-Montpellier : 18-13 **R** (41e) *(2 essais, 59e, 65e)*
28 mars : Toulon-Toulouse : 24-34 **T** *(1 essai, 42e)*
11 avril : Toulouse-Bayonne : 20-17 **T**
24 avril : Stade Français-Toulouse : 12-21 **T** *(carton jaune (36e), accrochage avec Danty)*
9 mai : Toulouse-Brive : 67-10 **T**
16 mai : Grenoble-Toulouse : 32-11 **T**
23 mai : Toulouse-Bordeaux Bègles : 23-22 **T**

Barrage (Ernest-Wallon)
30 mai : Toulouse-Oyonnax : 20-19 **T**
Demi-finale (Bordeaux)
6 juin : Clermont-Toulouse : 18-14 **T** (76e)

24 matchs : 23 T, 1 R
7 essais (1 carton jaune)

SAISON 2015-2016
TOP 14

22 août 2015 : Toulouse-Brive : 24-7 **T**
29 août : Agen-Toulouse : 9-20 **T**
5 septembre : Toulouse-Castres : 37-20 **T**
13 septembre : Pau-Toulouse : 9-6 **T**
16 octobre : Toulouse-La Rochelle : 39-22 **T** *(1 essai, 80e)*
24 octobre : Bordeaux Bègles-Toulouse : 12-10 **T** *(1 essai, 21e)*
1er novembre : Montpellier-Toulouse : 25-33
7 novembre : Toulouse-Grenoble : 52-12 **T**
28 novembre : Racing 92 -Toulouse : 28-13 **T** *(1 essai, 54e)*
5 décembre : Toulouse-Oyonnax : 25-3 **T**
27 décembre : Toulouse-Toulon : 31-8 **T**
3 janvier 2016 : Stade Français-Toulouse : 18-17 **T**
30 janvier : Toulouse-Pau : 54-3 **T** *(1 essai, 71e)*
20 février : La Rochelle-Toulouse : 28-8 **T**
28 février : Toulouse-Montpellier : 29-31 **T**
5 mars : Brive-Toulouse : 21-21 T (22e)
11 mars : Toulouse-Bordeaux Bègles : 13-13
20 mars : Clermont-Toulouse : 32-23 **R** (72e)
27 mars : Toulouse-Stade Français : 36-3 **T** *(2 essais, 35e, 74e)*
2 avril : Castres-Toulouse : 15-9
17 avril : Toulouse-Racing 92 **T**
30 avril : Toulon-Toulouse : 10-12 **T** *(Allianz Nice)*

8 mai : Toulouse-Agen : 52-19 **T** (73e) *(1 essai, 20e)*
21 mai : Oyonnax-Toulon : 17-25
29 mai : Toulouse-Clermont : 22-11 **T**
5 juin : Grenoble-Toulouse : 14-53

Barrage (Colombes)
11 juin : Racing 92-Toulouse : 21-16 **T**

21 matchs : 20 T, 1 R
7 essais

SAISON 2016-2017
(RC Toulon)

TOP 14
21 août : Bayonne-Toulon : 28-23
27 août : Pau-Toulon : 18-22
3 septembre : Toulon-Brive : 21-25 **T (blessé au tendon d'Achille)**
23 décembre : Montpellier-Toulon : 33-29 **R** (58e)
1er janvier 2017 : Toulon-Racing 92 : 17-11 **R**
8 janvier : Clermont-Toulon : 30-6 **T** (71e, **rupture du tendon d'Achille gauche**)

4 matchs joués : 2 T, 2 R
0 essai

SAISON 2017-2018
TOP 14
27 août : Toulon-Pau : 41-1 **T**
3 septembre : Clermont-Toulon : 21-16 **T**
19 novembre : Toulon-Racing 92 : 29-40 **R**
25 novembre : Castres-Toulon : 20-19 **T**
2 décembre : Toulon-Lyon : 39-11
23 décembre : Toulon-Oyonnax : 49-25 **T** *(1 essai, 40e + 1')*
30 décembre : Toulouse-Toulon : 18-13 **T**
6 janvier 2018 : Brive-Toulon : 13-12
27 janvier : Toulon-Bordeaux Bègles : 36-12 **R** (64e)
17 février : Toulon-Stade Français : 43-5
25 février : La Rochelle-Toulon : 20-27
3 mars : Lyon-Toulon : 15-6
10 mars : Toulon-Agen : 54-5 **T** *(1 essai, 7e,* 100e essai en Top 14*)*
5 mai : Pau-Toulon : 36-26 **T** *(1 essai, 29e,* 101e essai et record du Top 14*)*
Barrages
18 mai : Toulon-Lyon : 19-19 (Après prolongation. Le LOU qualifié au bénéfice des essais, 2-1)

10 matchs joués : 9 T, 1 R
3 essais

260 matchs disputés, dont 252 comme titulaire et 37 comme remplaçant.

Abréviations
T pour Titulaire
R pour Remplaçant
(XXe) Minute où il rentre en jeu s'il est remplaçant / où il est remplacé lorsqu'il est titulaire.

MES 101 ESSAIS EN TOP 14

2002-03 : Stade Toulousain – 9 essais

2003-04 : Stade Toulousain – 6 essais

2004-05 : Stade Toulousain – 12 essais

2005-06 : Stade Toulousain – 11 essais

2006-07 : Stade Toulousain – 7 essais

2007-08 : Stade Toulousain – 7 essais

2008-09 : Stade Toulousain – 2 essais

2009-10 : Stade Toulousain – 7 essais

2010-11 : Stade Toulousain – 8 essais

2011-12 : Stade Toulousain – 3 essais

2012-13 : Stade Toulousain – 9 essais

2013-14 : Stade Toulousain – 3 essais

2014-15 : Stade Toulousain – 7 essais

2015-16 : Stade Toulousain – 7 essais

2016-17 : RC Toulon – 0

2017-18 : RC Toulon – 3 essais

Total :

101 essais (98 avec Toulouse, 3 avec Toulon)

MES STATS AVEC LE XV DE FRANCE

2002-2003

9 novembre : France-Afrique du Sud : 30-10 **T**. (*1 essai 80ᵉ + 1'*). Stade Vélodrome Marseille

16 novembre : France-Nouvelle-Zélande : 20-20 **T**. Stade de France

23 novembre : France-Canada : 35-3 **T** (*2 essais, 60ᵉ, 71ᵉ*) Stade de France

15 février 2003 : Angleterre-France : 25-17 **T**. Twickenham

23 février : France-Écosse : 38-3 **T** (68ᵉ). Stade de France

8 mars : Irlande-France : 15-12 **T**. Aviva Dublin

23 mars : Italie-France : 27-53 **R** (2ᵉ). Flaminio Rome

29 mars : France-Pays de Galles : 33-5 **R** (20ᵉ) (*1 essai, 51ᵉ*). Stade de France

20 juin : Argentine-France : 33-32 **T**. Velez Buenos-Aires

28 juin : Nouvelle-Zélande-France : 31-23 **T**. Christchurch

10 matchs. 8 T, 2 R. *4 essais*

2003-2004

14 février : France-Irlande : 35-17 **T** (*1 essai 28ᵉ*). Stade de France

21 février : France-Italie : 25-0 **T**. Stade de France
7 mars : Pays de Galles-France : 22-29 **T**. Millenium Cardiff
(Vainqueur du Tournoi. Grand Chelem)
3 matchs. 3 T. *1 essai*

2004-2005
25 juin : Afrique du Sud-France : 27-18 **T**. Port Elizabeth
1 match. 1 T.

2005-2006
19 novembre : France-Tonga : 43-8 **T** (*2 essais, 69e, 80e + 1'*). Stadium Toulouse
16 novembre : France-Nouvelle-Zélande : 20-20 **T**. Stade de France
24 juin : Afrique du Sud-France : 26-36 **T** (*2 essais, 53e, 73e*). Newlands Le Cap
2 matchs. 2 T. *4 essais*

2006-2007
11 février : Irlande-France : 17-20 **T** (*1 essai, 78e*). Croke Park Dublin
24 février : France-Pays de Galles : 32-21 **T**. Stade de France
11 mars : Angleterre-France : 26-18 **T**. Twickenham

17 mars : France-Ecosse : 46-19 **T** (78e). Stade de France
(Vainqueur du Tournoi)
11 août : Angleterre-France : 15-21 **T**. Twickenham
26 août : Pays de Galles-France: 7-34 **T**. Millenium Cardiff

Coupe du Monde 2007
16 septembre : France-Namibie : 87-10 **T** (*3 essais, 38e, 59e, 65e*). Stadium Toulouse
21 septembre : France-Irlande : 25-3 **T** (*2 essais, 60e, 69e*). Stade de France
27 septembre : France-Géorgie : 64-7 **R** (7e). Stade Vélodrome Marseille, France
6 octobre : France-Nouvelle-Zélande : 20-18 **T**. Millenium Cardiff **(1/4 de Finale)**
13 octobre : Angleterre-France : 14-9 **T**. Stade de France **(1/2 Finale)**
19 octobre France-Argentine : 10-34. R (29e). Parc des Princes, Paris **(Match pour la 3e place)**
12 matchs. 10 T. 2 R. *6 essais*

2007-2008
3 février : Écosse-France : 6-27 **T** (*2 essais, 12e, 65e*). Murrayfield
9 février : France-Irlande : 26-21 **T** (*3 essais, 15e, 18e, 36e*). Stade de France

23 février : France-Angleterre : 13-24 **T**. Stade de France
9 mars : France-Italie : 25-13 **R.** Stade de France
15 mars : Pays de Galles-France : 29-12 **T**. Millenium Cardiff
5 matchs. 4 T. 1 R. *5 essais*

2008-2009
13 juin : Nouvelle-Zélande-France : 22-27 **T**. Dunedin
20 juin : Nouvelle-Zélande-France : 14-10 **T** (67e). Wellington
(Trophée Dave Gallaher)
11 mars : Angleterre-France : 22-6 **R** (28e).
3 matchs. 2T. 1R

2009-2010
13 novembre : France-Afrique du Sud : 20-13 **T** (*1 essai, 38e*). Stadium Toulouse
21 novembre : France-Samoa : 43-5 **T** (*1 essai, 8e*). Stade de France
28 novembre : France-Nouvelle-Zélande : 12-39 **T**. Stade de France
7 février : Écosse-France : 9-18 **R** (75e, remplace Rougerie [5e]). Murrayfield
13 février : France-Irlande : 33-10 **T** (48e, entorse de la cheville). Stade de France
(Vainqueur du tournoi. Grand Chelem)

12 juin : Afrique du Sud-France : 42-17 **T**. Newlands Le Cap
7 matchs. 6 T. 1 R. *2 essais*

2010-2011
5 février : France-Écosse : 34-21 **R** (6e). Stade de France
13 février : Irlande-France : 22-25 **R** (6e). Aviva Dublin
26 février : Angleterre-France : 17-9 **T**. Twickenham
12 mars : Italie-France : 22-21 **T** (*1 essai, 15e*). Flaminio Rome
19 mars : France-Pays de Galles : 28-9 **T** (*1 essai, 59e*). Stade de France
13 août : France-Irlande : 19-12 **T** (*1 essai, 17e*). Bordeaux
20 août : Irlande-France : 22-26 **R** (10e). Aviva Dublin

Coupe du Monde 2011
10 septembre : France-Japon : 47-21 **T** (*1 essai, 34e*). North Harbour
18 septembre : France-Canada : 46-19 **T** (*3 essais, 4e, 79e, 80e + 2'*). Napier
24 septembre : Nouvelle-Zélande-France : 37-17 **T**. Eden Park Auckland
1er octobre : France-Tonga : 14-19 **T** (1 essai, 80e + 1'). Wellington

6 octobre : France-Angleterre : 19-12 **T** (*1 essai, 22e*). Eden Park Auckland **(1/4 de Finale)**
15 octobre : France-Pays de Galles : 9-8 **T**. Eden Park Auckland **(1/2 Finale)**
23 octobre : Nouvelle-Zélande-France : 8-7 **T** (46e, déchirure voûte plantaire). Eden Park Auckland **(Finale)**
14 matchs. 11 T. 3 R. *9 essais*

2011-2012
4 février : France-Italie : 30-12 **T** (*1 essai, 54e*). Stade de France
26 février : Écosse-France : 17-23 **T**. Murrayfield
4 mars : France-Irlande : 17-17 **T**. Stade de France
11 mars : France-Angleterre : 22-24 **T**. Stade de France
4 matchs. 4 T. *1 essai*

2012-2013
10 novembre : France-Australie : 33-6 **T**. Stade de France
20 novembre : France-Argentine : 39-22 **T** (*2 essais, 18e, 21e*). Grand Stade Lille
24 novembre : France-Samoa : 22-14 **T**. Stade de France
13 février : Angleterre-France : 23-13 **T**. Twickenham
9 mars : Irlande-France : 13-13 **T**. Aviva Stadium

16 mars : France-Écosse : 23-16 **T**. Stade de France
6 matchs. 6 T. *2 essais*

TOTAL

67 matchs (57 T. 10 R). ***34 essais***
42 victoires. 3 Nuls. 22 défaites (64,92 % de victoires).
3 victoires dans le Tournoi des Six Nations, 2 Grands Chelems.

Numéros de maillot : 15 sélections avec le *11* (*9 essais*) ; 42 sélections avec le *14* (*24 essais*) ; 1 sélection avec le *16* (*1 essai*) ; 1 sélection avec le *19* ; 2 sélections avec le *21* ; 6 sélections avec le *22*.

Remerciements

Vincent Clerc et Gilles Navarro tiennent à remercier, dans le désordre, mais avec la même ferveur, tous ceux qui les ont aidés, dans leur quête d'informations et de souvenirs :

Florence CLERC, Margaux CLERC, Jean-Pierre CLERC, Valérie NOVÈS, Françoise NOVÈS, Guy NOVÈS, Grégory LAMBOLEY, Thierry DUSAUTOIR, Jean DEVALUEZ, Jean-Louis PUTINIER (Stade Toulousain), Yves BARDOU, Antoine BERNARD, Jacques DELMAS, Franck CORRIHONS, Geoffroy MESSINA, Johann AUTHIER, Max ROI, Yves PINOTTI, Christian RIZZI, Hugo BONNEVAL, Jean-Michel RANCOULE, Zeba TRAORÉ, Emile NTAMACK, Xavier GARBAJOSA, Maxime MÉDARD, Clément POITRENAUD, Leslie DJHONE, Jo MASO, Bernard VIVIES, Laurent ARBO, Nicolas LAHARRAGUE, Patrick DEREWIANY, Michel REGLAT

Ainsi que Jean-Philippe BOUCHARD et toute son équipe chez SOLAR pour leur étroite et fructueuse collaboration.

Merci à mes parents qui ont su m'accompagner, m'orienter, me soutenir dans ce chemin si particulier. À Valérie d'avoir provoqué notre rencontre... D'avoir consenti toi aussi beaucoup de sacrifices, d'avoir été si présente dans les moments difficiles, mais surtout de contribuer et partager tous les bonheurs de ma vie, qui n'aurait pas la même saveur sans toi.

À Margaux d'avoir été toujours là depuis les premiers jeux dans le jardin du domaine Saint Hugues jusqu'à la Nouvelle-Zélande, merci d'être cette sœur complice et bienveillante.

À mémé Lily, mon éternel premier soutien dont le rire et l'enthousiasme m'accompagnent chaque jour.

À Victor et Eloïse, mes deux amours qui ont donné une nouvelle dimension à ma vie et qui, j'espère, arriveront à travers ce livre à comprendre l'aventure merveilleuse que j'ai vécue.

Enfin merci à tous ceux qui ont contribué à mon épanouissement et ma réussite. Mes amis, mes coéquipiers, mes entraîneurs, mes kinés, mes docteurs, mes chirurgiens, mes préparateurs physiques, mes associés, mes partenaires sans qui cette aventure n'aurait pas été aussi belle et dont les relations perdureront bien après ces années rugby...

Merci !

Table des matières

Crédits photographiques

1er cahier
D.R. pour toutes les photographies sauf :
Panoramic, pages : 3 (haut) ; 4 (bas) ; 5 (bas)
Presse Sports, pages : 5 (haut) ; 6 (bas) ; 8 (haut).

2e cahier
Toutes les photographies proviennent de Presse Sports sauf :
Florence AT, page : 3
Patrick Derewiany, page : 4 (haut)
Panoramic, page : 5 (milieu)
Icon Sport, page : 6 (haut)
D.R., pages : 2 (bas) ; 7 ; 8.

Directeur : Jean-Louis Hocq
Direction éditoriale : Jean-Philippe Bouchard
Assistant d'édition : Maxime Lafon
Couverture : Thierry Sestier
Mise en pages : Belle Page
Fabrication : Emmanuelle Laine

Achevé d'imprimer en novembre 2018
par Normandie Roto Impression s.a.s.
61250 Lonrai
N° d'impression : 1804555

Imprimé en France